YU-GI-OH

Kazuki TAKAHASHI

高橋和希

kana

PRÉSENTATION DES PERSONNAGES ET RÉSUMÉ DES ÉPISODES PRÉCÉDENTS

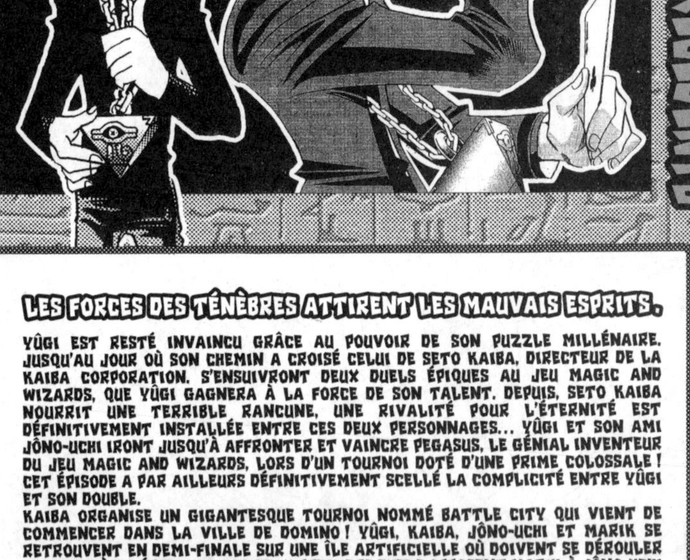

LES FORCES DES TÉNÈBRES ATTIRENT LES MAUVAIS ESPRITS.

YÛGI EST RESTÉ INVAINCU GRÂCE AU POUVOIR DE SON PUZZLE MILLÉNAIRE. JUSQU'AU JOUR OÙ SON CHEMIN A CROISÉ CELUI DE SETO KAIBA, DIRECTEUR DE LA KAIBA CORPORATION. S'ENSUIVRONT DEUX DUELS ÉPIQUES AU JEU MAGIC AND WIZARDS, QUE YÛGI GAGNERA À LA FORCE DE SON TALENT. DEPUIS, SETO KAIBA NOURRIT UNE TERRIBLE RANCUNE, UNE RIVALITÉ POUR L'ÉTERNITÉ EST DÉFINITIVEMENT INSTALLÉE ENTRE CES DEUX PERSONNAGES... YÛGI ET SON AMI JÔNO-UCHI IRONT JUSQU'À AFFRONTER ET VAINCRE PEGASUS, LE GÉNIAL INVENTEUR DU JEU MAGIC AND WIZARDS, LORS D'UN TOURNOI DOTÉ D'UNE PRIME COLOSSALE ! CET ÉPISODE A PAR AILLEURS DÉFINITIVEMENT SCELLÉ LA COMPLICITÉ ENTRE YÛGI ET SON DOUBLE.

KAIBA ORGANISE UN GIGANTESQUE TOURNOI NOMMÉ BATTLE CITY QUI VIENT DE COMMENCER DANS LA VILLE DE DOMINO ! YÛGI, KAIBA, JÔNO-UCHI ET MARIK SE RETROUVENT EN DEMI-FINALE SUR UNE ÎLE ARTIFICIELLE OÙ DOIVENT SE DÉROULER LES DERNIÈRES ÉPREUVES. LES DEUX PREMIERS DUELS OPPOSENT MARIK À JÔNO-UCHI ET YÛGI À KAIBA ! MARIK IMPOSE UN CRUEL JEU DES TÉNÈBRES À JÔNO-UCHI QUI S'ÉCROULERA SOUS LE REGARD AFFOLÉ DE SES AMIS. LA MORT DE JÔNO-UCHI AFFECTE YÛGI ET IL PERD SA MOTIVATION... TOUTEFOIS, UN RAYON DE LUMIÈRE DÉGAGÉ PAR LE TORQUE MILLÉNAIRE REDONNE ESPOIR À YÛGI. CELUI-CI, PERSUADÉ QUE SON AMI POURRA RESSUSCITER, REPART AU COMBAT !

LA MYTHIQUE CARTE RARE

CELUI QUI RÉUSSIRA À RÉUNIR LES TROIS CARTES DIVINES SERA SACRÉ ROI. SUR LES TROIS CARTES EXISTANTES, L'UNE EST EN POSSESSION D'ISIS ET LES DEUX AUTRES... SONT ENTRE LES MAINS MALÉFIQUES DU GROUPE DES GHOULS, UNE ASSOCIATION DE MALFAITEURS QUI VOLENT ET MANIPULENT LES CARTES DE JEU RARES ! ISIS A CONFIÉ SA CARTE, "LE SOLDAT GÉANT DE L'OBÉLISQUE", À KAIBA DE CRAINTE QUE SON FRÈRE MARIK NE DISPOSE DU POUVOIR DE CES CARTES RÉUNIES ET NE DEVIENNE INCONTRÔLABLE. KAIBA ORGANISE ALORS LE TOURNOI BATTLE CITY ET SE LANCE À CORPS PERDU DANS LA BATAILLE. ET POUR LA PREMIÈRE FOIS, MARIK, KAIBA ET YÛGI SE RETROUVENT POUR UN DUEL ENFLAMMÉ. LEQUEL DES TROIS DEVIENDRA ROI ? YÛGI VA-T-IL RETROUVER SA MÉMOIRE DISPARUE ?

LA MÉMOIRE DISPARUE DU ROI

LE MYSTÈRE DES OBJETS MILLÉNAIRES A ÉTÉ LEVÉ LORS DES RENCONTRES DE YÛGI AVEC PEGASUS DANS UN PREMIER TEMPS, ET ENSUITE AVEC L'ÉNIGMATIQUE ISIS. LES SEPT OBJETS MILLÉNAIRES SONT DESTINÉS À REJOINDRE UNE TABLETTE FUNÉRAIRE CONSERVÉE DANS UN SANCTUAIRE SOUTERRAIN EN ÉGYPTE. IL SUFFIRA DE RASSEMBLER CES OBJETS POUR FAIRE RESSUSCITER LA MÉMOIRE DU ROI, ENFERMÉE DANS CETTE TABLETTE ! LES DESSINS FIGURANT SUR CETTE TABLETTE REPRÉSENTENT LE ROI, SOUS LES TRAITS DU DOUBLE DE YÛGI ! LE 6e OBJET MILLÉNAIRE, QUI PERMET DE PRÉDIRE L'AVENIR, EST ENTRE LES MAINS D'ISIS. CETTE DERNIÈRE A PRÉDIT ÉGALEMENT À YÛGI QU'IL LUTTERA DURANT LE TOURNOI BATTLE CITY CONTRE CELUI QUI DÉTIENT LE 7e OBJET...

YU-GI-OH !

Yu-Gi-Oh!

Volume 29

Sommaire

DONG
Battle 251
UN CRI DE GUERRE QUI PERCE LE CIEL !!
YûGI, TE VOILÀ ENFIN !
JE DOIS CROIRE EN NOTRE AVENIR...
JE DOIS ME BATTRE !!!
EN VÉRI-TABLE DUEL-LISTE !!!

Battle 251
UN CRI DE GUERRE QUI PERCE LE CIEL !!

DONG

WOOOW
YUGI...
NOUS VOICI À L'HEURE DU DÉNOUEMENT ...!!
WOOW

VOICI L'HEURE DE LA DEMI-FINALE.

Z-DOO Z-DOO

KAIBA SETO VS MUTÔ YÛGI !!

Z-DOO

Z-DOO

SI TU BATS YÛGI, TU IRAS EN FINALE !

TU DOIS À TOUT PRIX GAGNER ...!

YÛGI...

TES POTES NE SONT PAS VENUS T'ENCOURAGER ?

J'AI REÇU DES MAUVAISES NOUVELLES ...
SON COEUR ET SES FONCTIONS VITALES SONT ARRÊTÉS. LES DOCTEURS NE PEUVENT PLUS RIEN POUR LUI.
SI TU VEUX MON AVIS, JE TROUVE QU'IL S'EST BIEN DÉBROUILLÉ POUR SE HISSER JUSQU'À CE NIVEAU.
IL A EU CE DONT IL RÊVAIT.

KAIBA ...

CE BATTLE CITY...
... NOUS SERT À ATTEINDRE UN OBJECTIF.
NI JÔNO-UCHI...
... NI MOI, N'AVONS TROUVÉ CE QUE NOUS CHERCHIONS.
LE PERDANT N'A PAS BESOIN DE RÉPONSE.
IL LUI RESTE L'AMER-TUME...
L'HUMI-LIATION ET LE DÉSES-POIR...
ET...

TU TE TROM-PES !
LA DÉFAITE FACILITE PARFOIS UNE RECHERCHE...
... L'ON PEUT Y TROUVER LE SECRET DE SON AVENIR.

SAVOIR SE REDRESSER APRÈS UN ÉCHEC AFIN DE PUISER UNE NOUVELLE ÉNERGIE POUR LUTTER !

AU BOUT DE CE CHEMIN SE TROUVE CERTAINEMENT LA RÉPONSE !!!!!

LA VÉRITÉ SUR LA NATURE D'UN VÉRITABLE DUELLISTE.
JE RESTE PERSUADÉ QUE JÔNO-UCHI CONTINUE À LUTTER POUR TROUVER CETTE RÉPONSE !

PFFH...
C'EST RIDI-CULE ...

ZDOO
ÉCOUTE-MOI BIEN ! IL N'EXISTE QU'UN SEUL VAINQUEUR !!!!
ZDOO ZDOO ZDOO
LE SEUL ÉLU PAR LES TROIS CARTES DIVINES !!!!
SEUL CELUI QUI AURA ENTERRÉ SES ADVERSAIRES, RECEVRA LES LUMIÈRES DE LA GLOIRE !
ZDOO ZDOO
GROO
YUGI !!!
JE VAIS TE BATTRE ET OBTENIR LE TITRE DE ROI DES DUELLISTES !!!
GROO GROO

EH...!
L'ÉLECTRO-CARDIO-GRAMME VIENT DE RÉAGIR ?!
NON... HÉLAS...

DIS-MOI !!!
T'ES DOCTEUR, OUI OU NON ?!
MAIS C'EST IMPOS-SIBLE ...
IL EST DÉJÀ TROP TARD !

MON FRÈ-RE...
...

JÔNO-UCHI... YÛGI VA BIENTÔT COMMENCER SON DUEL.

AVANT DE PARTIR, IL A ACCROCHÉ UN DUEL DISK SUR LE BRAS DE JÔNO-UCHI...

JÔNO-UCHI... JE PARS REJOINDRE KAIBA.
TOI, TU DOIS RESTER ICI POUR CONTINUER À LUTTER.
TU ES UN DUEL-LISTE.

YUGI...

JE COMPTE SUR VOUS POUR VEILLER SUR LUI.
YUGI!!!

QUE VA T'APPORTER CE DUEL ?
JÔNO-UCHI...
MAÏ... BAKURA...
IL N'Y A QUE DES BLESSÉS !!!

JE VEUX QUE TU M'EXPLI-QUES !!!
MÊME DANS CES MOMENTS DIFFICILES... TU DOIS CONTINUER À TE BATTRE ?!

IL N'Y A VRAIMENT RIEN À GAGNER !!!!
ANZU...

JE DOIS LUTTER...
... POUR TENIR UNE PROMESSE FAITE À JÔNO-UCHI.

!...

LE TORQUE MILLÉNAIRE M'A DONNÉ UNE VISION DE L'AVENIR...

NOTRE BATTLE CITY N'EST PAS TERMINÉ !!!!!
SI JE DEVAIS FUIR CE DUEL ...
... JE N'ARRIVERAIS JAMAIS À TENIR CETTE PROMESSE !!!!

...!

Si l'on cherche à récupérer une chose, il existe un endroit où aller la chercher.

Je sais que Jôno-Uchi va nous revenir.
Je crois en cet avenir.

...

Yûgi, t'as intérêt à gagner !!!

Oui !
Je gagnerai avec Jôno-Uchi !!!

Yûgi...

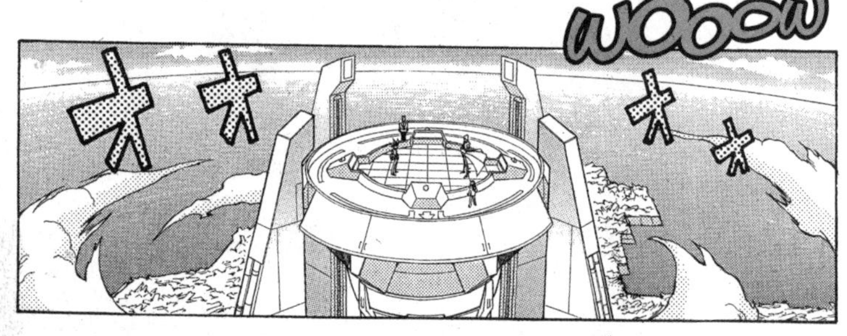
NOUS AVONS UNE PROMESSE...
WOOOOW
WOOOW
CELLE DU VÉRITABLE DUELLISTE !!!!

IL NOUS RESTE ENCORE DU CHEMIN À PARCOU-RIR.
JE CRAIGNAIS UNE CHOSE...
QUE LA MORT DE TON AMI NE T'ENLÈVE TA MOTIVATION.
JE SUIS DÉSORMAIS RASSURÉ.

JE CONSTATE QUE TA COMBATIVITE EST INTACTE !!!!
GROO GROO GROO
YÛGI, ON Y VA !

ZDOO
ZDOO
LE DUEL !!!
ZDOO
ZDOO

MON OBÉLIS-QUE...
TON OSIRIS...
ZDOO ZDOO ZDOO
ZDOO ZDOO
LES DIEUX VONT SE MESURER !!!!
ZDOO

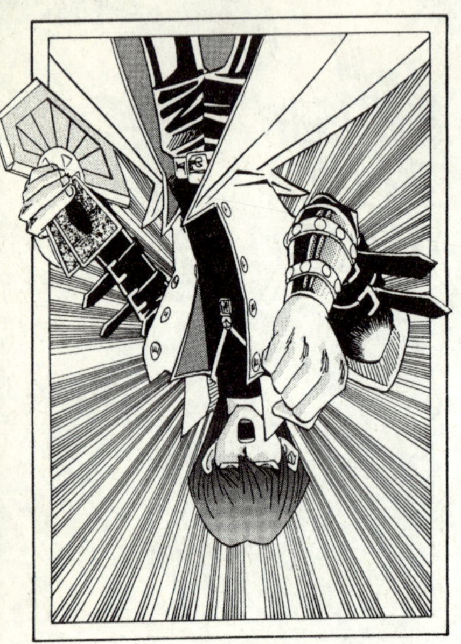

Battle 252
DUEL, L'ARÈNE AÉRIENNE !!

ZDOO
ZDOO
KAIBA VS YÛGI !
LE VAINQUEUR SE RETROUVERA AVEC DEUX CARTES DE DIEU !
ZDOO
ZDOO
ZDOO
VOILÀ !!!
L'HON-NEUR EST EN JEU !!!!!
KAIBA points de vie 4000
YÛGI points de vie 4000

WOUUUU
HE HE... IL NOUS FAUT UN LIEU DIGNE DE CE DUEL.
DANS CE PAYSAGE DÉVASTÉ PAR LE VENT...
VOILÀ ! J'AI PRÉPARÉ UNE PLATE-FORME POUR CETTE OCCASION !!!!
LE SYSTÈME "SOLID VISION" !!!
GSHAAK
GWOM
GROOOSH
!!
GROOOOOOSH
UN NIVEAU VIRTUEL.

GROOOaw
MAIS... QU'EST-CE QUE...?!
GROOOOSH
ZDOO
LE TITRE DU ROI EST EN JEU.
REGARDE!!!
ZDOO
ZDOO

ZDOOOM
L'ARÈNE AÉRIENNE !!!!!
!!

ZDOOO
KAÏBA !!!
KAÏBA.
KAÏBA !!!
KAÏBA !!!
MON FRÈRE EST INCROYA-BLE.
WOooW
NOUS QUI AVONS AFFRONTÉ DE NOMBREUX PÉRILS, L'HEURE EST VENUE DE SCELLER NOTRE DESTIN !!!!
ALLEZ ! DÉGAINE TON SABRE !!!! (TES CARTES)
POUR DÉFENDRE NOTRE HONNEUR ET NOTRE LIBERTÉ... UN DUEL DIGNE DES COMBATS DE L'ANTIQUITÉ !!!!
JE PIOCHE UNE CAR-TE.
VLAF
JE COM-MENCE !!!!

LE SABRE DE LA FIERTE DANS LA MAIN DROITE !!
UN BOUCLIER QUI ENFERME MON ÂME DANS LA MAIN GAUCHE !!!!
ZDOO
KAIBA, GARE À TOI !
ZDOO ZDOO
ALLEZ, YÛGI, JE T'ATTENDS !!!!
ZDOO
ZDOO
MA CARTE EST...
VLAF

"QUEEN KNIGHT" !!!
GROO
GROO
GROO GROO
QUEEN KNIGHT
Attaque 1500
Défense 1600
ET JE FINIS AVEC UNE CARTE MASQUÉE.
WOOO
EN POSITION DE DÉFENSE.
MON TOUR EST TERMI-NÉ.
WOOOW
WOOOW
À MOI MAINTE-NANT !!!!
BLAM
JE PIOCHE UNE CARTE.

LE SOLDAT GÉANT DE L'OBÉLISQUE
★★★★★★★★★★

Le joueur devra sacrifier deux corps au dieu.
L'adversaire se verra subir des domma... physiques
et les mon... adverses seront dét...
4000
4000

PFFUH...

LE DIEU DE LA VICTOIRE ME SOURIT DÉJÀ...

DONG

IL NE ME RESTE QU'À SACRIFIER TROIS MONSTRES POUR Y PARVENIR...

WOOW

AVEC KAIBA, JE DOIS M'ATTENDRE AUX PIRES SURPRISES...

VA-T-IL UTILISER LA MÊME TACTIQUE QU'AVEC ISIS ? DÉTRUIRE MON JEU POUR RENFORCER LE SIEN ...?

MAIS JE CONNAIS PAR CŒUR CE GENRE DE STRATÉGIE ...

SON JEU DOIT CERTAINEMENT COMPORTER DE NOUVELLES TACTIQUES DE COMBAT !!

GROO
GROO
J'INVOQUE "X-HEAD CANON" !!!!
GROO
POUR FINIR, JE MASQUE UNE CARTE !!!!
X-HEAD CANON
Attaque 1800
Défense 1500
WOOW
VOILÀ, J'AI TERMINE !!!
JE VAIS T'ACHEVER AU TOUR SUIVANT ...

GROO
GROO
GROO
J'AI EN MAIN DE QUOI FAIRE UN COMBO MEURTRIER ...
ZRUU
ZRUU
WOOOW
À MOI MAINTENANT.
JE PIOCHE UNE CARTE.
SES MONSTRES ONT UN NIVEAU D'ATTAQUE SUPÉRIEUR AUX MIENS ...
POURTANT, IL N'EST PAS PASSÉ À L'ACTION.
S'EST-IL MÉFIÉ DE MA CARTE MASQUÉE ?
OU ALORS ...?!

J'INVOQUE UN AUTRE MONSTRE.

KRIBOW ★★

Attaque 300 Défense 200

PWOP

KRIBOW EN POSITION DE DÉFENSE !!!

WOOW

JE VAIS LUI APPRENDRE QUE SE MOQUER DE MOI AVEC DES MONSTRES AUSSI FAIBLES...

FUH...

À MOI !!!
WOOW
KAÏBA !!!
KAÏBA !!!
GROO
YUGI...
TU VAS TE PROSTERNER DEVANT DIEU...
GROO
... ET DISPARAÎTRE !!!!
GROO
!!
JE PROFITE DE CE TOUR POUR DÉCLENCHER UNE CARTE DE MAGIE !!!!
VLAF

DONG
CROSS SOUL !!!!
CROSS SOUL (carte de magie)
Les joueurs peuvent sacrifier les monstres en jeu.
BLAM BLAM
CROSS SOUL !!!!
CETTE CARTE VA ME PERMETTRE DE SACRIFIER DEUX MONSTRES CHEZ TOI !!!!
CE N'EST PAS TOUT !!!
MA CARTE "X-HEAD CANON" VA ÊTRE SACRIFIÉE DANS TON CAMP...
!
MAIS...

... C'EST MAINTENANT QUE JE VAIS UTILISER MA CARTE MASQUÉE !!!
DONG
ENEMY CONTROLLER
(carte de magie)
Elle permet de manipuler son adversaire en utilisant la manette de jeu.
1000 points de vie + ↑ ← ↓ → A = Explosion.
1000 points de vie + ← → AB = Sacrifice.
"ENEMY CONTROLLER"
SHUUU
VLASH
ZRUU ZRUU
ENEMY CON-TROL-LER !!!
JE VAIS AINSI POUVOIR CONTRÔLER "X-HEAD CANON" QUI SE TROUVE DÉSORMAIS DANS TON CAMP !
ZRUU

JE PAYE 1000 POINTS DE VIE ← → A B !!
BLIP !
GRO.
GRO. GRO.
BLIP !
JE VAIS POUVOIR SACRIFIER "X-HEAD CANON" !!!
GRO.O.
GRO. GRO.
ET MAINTENANT, J'AI RÉUNI 3 MONSTRES À SACRIFIER !!!!
COM-MENT ?!
EN SEULEMENT DEUX TOURS... IL VA RÉUSSIR À INVOQUER L'OBÉLISQUE ?

VIENS À MOI...
URK...
ZRUU
ZRUU
GRAP
LE SOL GÉANT DE L'O SQUE
MON OBÉLISQUE !!!!
MAINTENANT !!!
!!
VLASH

VRAASH
"L'ÉPÉE QUI ENFERME LA LUMIÈRE".
SHYU
L'ÉPÉE QUI ENFERME LA LUMIÈRE
(carte de magie)
Cette carte de magie peut, grâce à "l'épée de lumière divine", enfermer les monstres ennemis pendant 3 tours !
!
URKS !!
LE SOLDAT GÉANT DE L'OBÉLISQUE
DONG

BLAM !!
GRÂCE À L'EFFET DE CETTE CARTE, TA CARTE OBÉLISQUE SERA NEUTRALISÉE PENDANT TROIS TOURS.
LE DUEL NE FAIT QUE COMMENCER !!!!
KAIBA, GARDE TON SANG-FROID...
TA DÉFAITE N'EST QU'UNE QUESTION DE SECONDES...
PFH !!

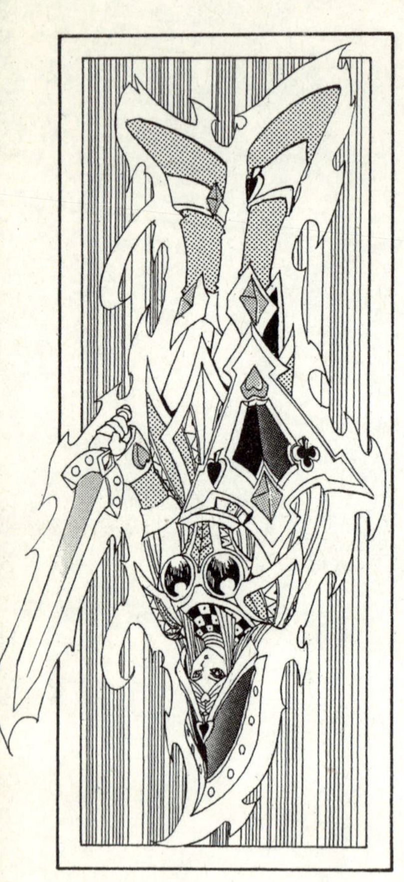

DONG
"L'ÉPÉE QUI ENFERME LA LUMIÈRE" !
LE SOLDAT GÉANT DE L'OBÉLISQUE
L'ÉPÉE QUI ENFERME LA LUMIÈRE (carte de magie)
Cette carte de magie peut, grâce à "l'épée de lumière divine", enfermer les monstres ennemis pendant 3 tours !
DÉSOLÉ KAIBA !
MAIS TA CARTE EST BLOQUÉE PENDANT TROIS TOURS !

Battle 253

DIEU DANS LE CREUX DE LA MAIN !!

IL VIENT D'ÉCHAPPER À SON PIRE CHÂTIMENT.
MAIS, CE N'EST QU'UNE QUESTION DE TEMPS... YÛGI !!

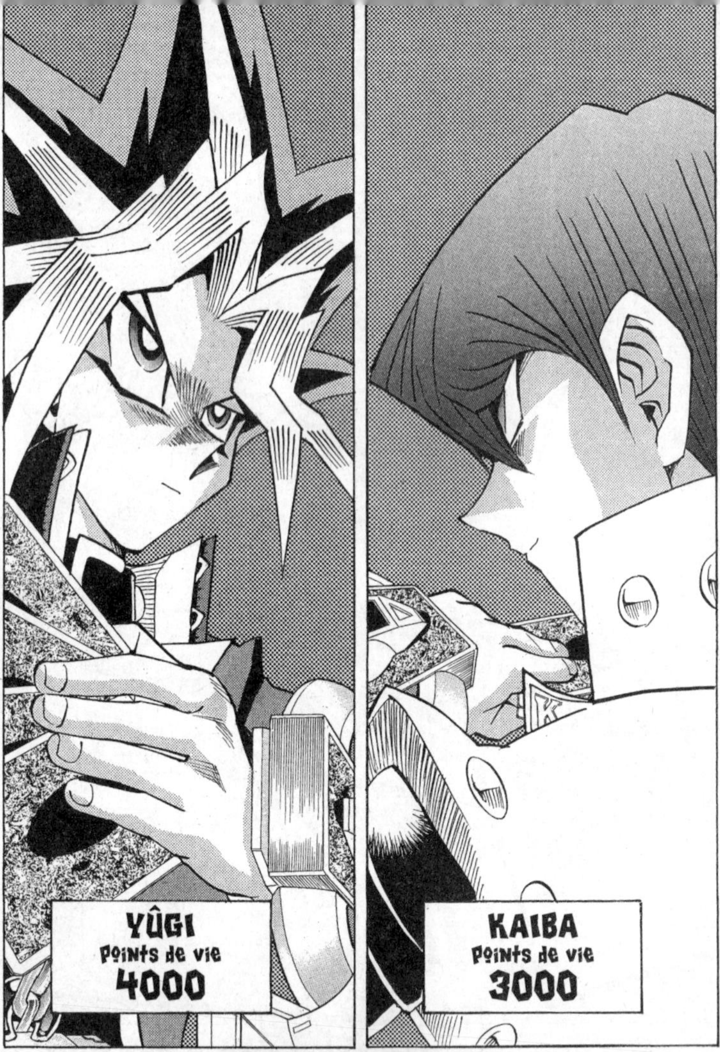

YÛGI
Points de vie
4000

KAIBA
Points de vie
3000

Battle 253
DIEU DANS LE CREUX DE LA MAIN !!

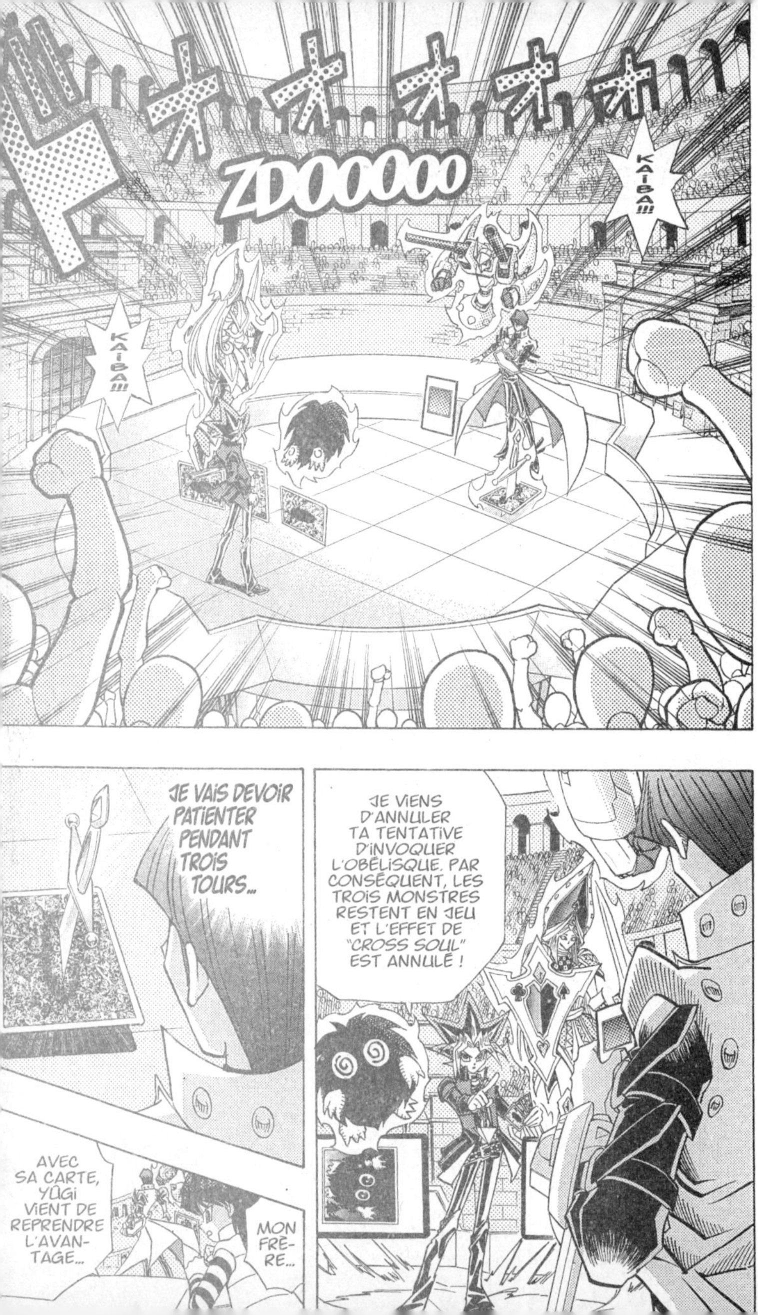

ZDOOOOO
KAÏBA!!!
KAÏBA!!!
JE VIENS D'ANNULER TA TENTATIVE D'INVOQUER L'OBÉLISQUE. PAR CONSÉQUENT, LES TROIS MONSTRES RESTENT EN JEU ET L'EFFET DE "CROSS SOUL" EST ANNULÉ !
JE VAIS DEVOIR PATIENTER PENDANT TROIS TOURS...
MON FRÈ-RE...
AVEC SA CARTE, YÛGI VIENT DE REPRENDRE L'AVAN-TAGE...

RIEN DE TRÈS GRAVE ...
IL RESTE UNE AUTRE MANIÈRE D'INVOQUER DIEU...

GRO. GRO.
GRO.
UN CRI DE GUERRE QUI PERCE LE CIEL (carte de magie)
Zryu Zryu
GRO.
WOOOW
MON TOUR EST TERMINÉ.
YÛGI, C'EST À TOI DE JOUER !
JE PIOCHE !!!
JE N'AI QUE DEUX MONSTRES DANS MON CAMP...
IL M'EN FAUT UN AUTRE POUR RÉUNIR LES TROIS ET INVOQUER DIEU.

MAIS POUR LE MOMENT, MA CARTE OSIRIS DORT DANS MON TAS DE CARTES...
WOOOW

MES MONSTRES EN JEU NE SONT PAS ASSEZ PUISSANTS POUR LE BATTRE.
SON "X-HEAD CANON" POSSÈDE UN NIVEAU D'ATTAQUE DE 1800 POINTS.
JE TERMINE MON TOUR EN PLAÇANT TOUS MES MONSTRES EN POSITION DE DÉFENSE.
JE MASQUE UNE CARTE !

YÛGI... SI TU TE METS À FUIR L'AFFRONTEMENT, LES TROIS TOURS SERONT VITE PASSÉS...
À MOI DE JOUER...
CE NE SERA MÊME PAS LA PEINE D'ATTENDRE TROIS TOURS...
DIEU TE TUERA AVANT... KRUU KRUU...

GROo
FUH FUH... KAIBA ET YÛGI...
GROo
GROoo
L'OBÉLISQUE ET OSIRIS VONT ENFIN S'AFFRONTER...
JE NE DOIS SURTOUT PAS MANQUER CE SPECTACLE...
GROo
GROo
GROo
TIENS, TIENS...
GROoo
WOOOW
ZDOOo

ILS LUTTENT SÉRIEUSEMENT...
WOOOW
KAIBA!!!
KAIBA!!!
WOOOW
OH...
L'OBÉLISQUE DE KAIBA EST NEUTRALISÉ PAR UNE ÉPÉE...
YÛGI N'A RIEN POUR ATTAQUER KAIBA.
LEQUEL DES DEUX VA INVOQUER DIEU LE PREMIER...?
VOYONS OÙ EN EST CE COMBAT...
CELUI QUI GAGNERA...
... SERA MA PROCHAINE VICTIME... CELLE QUE JE VAIS ENVOYER CROUPIR DANS LES TÉNÈBRES.
QUOI QU'IL ARRIVE... JE TUERAI YÛGI DE MES PROPRES MAINS.
KRUU KRUU...

Voici ma carte.
VLAF
"Y-DRAGON HEAD" !!!!!
ZDOO ZDOO
Y-DRAGON HEAD ★★★★
Attaque 1500
Défense 1600
ZDOOO
KRULL KRULL.
Y-DRAGON HEAD !!
KAIBA UTILISE X-HEAD CANON...! ET MAINTENANT Y...

IL UTILISERAIT DES CARTES ROBOTS MAGNETS...? CELLES QUI FUSIONNENT ENTRE ELLES...?!
ZRII
GROO GROO
ZRII
TOUT À FAIT... X, Y ET Z... LORSQU'ELLES SONT EN JEU...
... ELLES FUSIONNENT ENTRE ELLES...
GROO
ZRII
ZRII
GSHAANKS
LA FUSION !!!

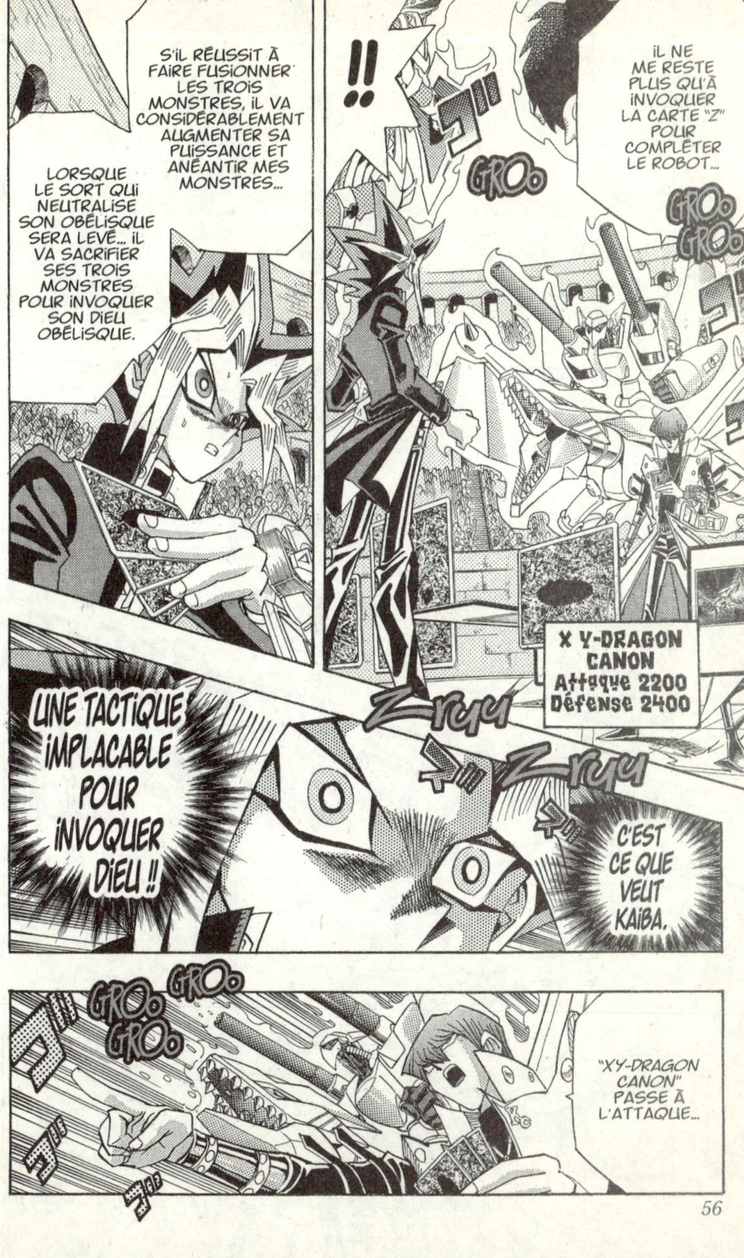
IL NE ME RESTE PLUS QU'À INVOQUER LA CARTE "Z" POUR COMPLÉTER LE ROBOT...
GROo GROo
GROo
!!
S'IL RÉUSSIT À FAIRE FUSIONNER LES TROIS MONSTRES, IL VA CONSIDÉRABLEMENT AUGMENTER SA PUISSANCE ET ANÉANTIR MES MONSTRES...
LORSQUE LE SORT QUI NEUTRALISE SON OBÉLISQUE SERA LEVÉ... IL VA SACRIFIER SES TROIS MONSTRES POUR INVOQUER SON DIEU OBÉLISQUE.
X Y-DRAGON CANON
Attaque 2200
Défense 2400
Zryu
Zryu
C'EST CE QUE VEUT KAIBA.
UNE TACTIQUE IMPLACABLE POUR INVOQUER DIEU !!
"XY-DRAGON CANON" PASSE À L'ATTAQUE...
GROo GROo GROo

GYUUUN
"HYPER DESTRUCTION" !!!!
ZUMF
ZBOOM
LES MINUS VONT MOURIR !!!
KRIBOW EST DÉTRUIT !!!

WOOOW
URKS...
YÛGI
Points de vie
4000
MES MONSTRES SONT EN POSITION DE DÉFENSE. JE NE PERDRAI PAS DE POINTS DE VIE...
PAR CONTRE...
... L'OBÉLISQUE POSSÈDE UN NIVEAU D'ATTAQUE DE 4000 POINTS...
S'IL RÉUSSIT À L'INVOQUER, JE PERDS TOUS MES POINTS DE VIE !!
KRUU KRUU.
DIEU EST ENFERMÉ POUR LE MOMENT...
YÛGI, JE SENS QUE SA PRÉSENCE TE REND ANXIEUX...!
MAIS...
GLOUPS
ET SI JE N'ATTENDAIS PAS LA FIN DES TROIS TOURS ?
QUE FERAS-TU ?
COMMENT...?!

DIEU EST À SAPLACE ENTRE LES MAINS...
... DU MEILLEUR DUELLISTE.
ZRUU ZRUU
KAIBA, JE SUIS D'ACCORD AVEC TOI...
MAIS NE RÊVE PAS, CE N'EST PAS TOI LE MEILLEUR ...
GRO
JE DÉCLENCHE LA CARTE DE MAGIE...
GRO
GRO
DONG
"UN CRI DE GUERRE QUI PERCE LE CIEL" !!!!
UN CRI DE GUERRE QUI PERCE LE CIEL
(carte de magie)
Elle s'utilise sur un monstre de catégorie 8 étoiles. Si l'une de ces cartes se trouve dans le jeu de cartes de son adversaire, le joueur pourra s'en emparer en citant le nom de la carte visée et devra payer 1000 points de vie.

"UN CRI DE GUERRE QUI PERCE LE CIEL" !!
CETTE CARTE ME PERMETTRA DE TE DÉROBER UN MONSTRE DE LA CATÉGORIE 8 ÉTOILES...
JE DOIS JUSTE CITER LE NOM DE LA CARTE...
GLOUPS
OUI ...
LA CARTE DE DIEU QUE TU POSSÈDES PAR EXEMPLE...
KRUU KRUU ...
BLAM
OSIRIS !!!
URKS !!
ZRUU
ALORS ?
TU VAS SORTIR TA CARTE ET ME LA DONNER !!!

LE DRAGON VOLANT D'OSIRIS

ELLE ÉTAIT BIEN CACHÉE AU FOND DE TON TAS DE CARTES...
...
TU N'AS RIEN À REGRETTER, TU N'AVAIS AUCUNE POSSIBILITÉ POUR L'INVOQUER.
ALORS YÛGI ? JE CROIS QUE MAINTENANT TU AS COMPRIS ?
ZDOOO
DIEU NE PEUT OBÉIR QU'À MOI !!!!
WAH HA HAAAA !!!
KAIBA VIENT DE RÉCUPÉRER LES DEUX CARTES DE DIEU.

FUH FUH...
JE N'EN SUIS PAS SI CERTAIN...
ON DIRAIT QUE TU AVAIS LA MÊME IDÉE QUE MOI...
Z-DONG
COMMENT?
QUAND LE SORT QUI COURT SUR L'OBÉLISQUE VA CESSER...
JE COMPTAIS DÉCLENCHER CETTE CARTE MASQUÉE...
...
BLAM
CETTE CARTE EST...

... CELLE QUE J'AI UTILISÉE POUR RÉCUPÉRER L'AMITIÉ DE JÔNO-UCHI !
L'EXCHANGE
(carte de magie)
Chaque joueur choisit une carte parmi celles que possède son adversaire et l'échange contre une des siennes.
Z DOM
EXCHANGE!!!

"EXCHANGE" !!!
UNE CARTE POUR ÉCHANGER SA CARTE CONTRE CELLE DE SON ADVERSAIRE !!!!
KRULI KRULI ...
CE MAUDIT ...
MON FRÈRE !!!
JE ME SOUVIENS !!!
J'AVAIS RÉCUPÉRÉ L'ÂME DU DUELLISTE JÔNO-UCHI !!!!
GRR ...
NUOOR !
MÊME AUJOURD'HUI ...

... JE LUTTE EN COMPAGNIE DE SON ÂME !
GRAP
J'AI DÉSORMAIS LA CARTE DIVINE EN MAIN !!
BLAM
WOOW
NOUS ALLONS GAGNER !!!!
KAIBA, JE TIENS À TE REMER-CIER !
LE DRAGON VOLANT D'OSIRIS

Battle 254
LE PLAN SECRET POUR INVOQUER DIEU !!

L'EFFET D'OSIRIS M'A PERMIS DE RÉCUPÉRER LA CARTE OSIRIS !
BLAM
LE DRAGON VOLANT D'OSIRIS
MERCI !!!
MÊME EN MAIN, ELLE NE TE SERVIRA PAS...
CE N'EST PAS GRAVE...
MON OBÉLISQUE EST ENCORE NEUTRALISÉ PENDANT DEUX TOURS.
MAIS "XY-DRAGON CANON" VA DÉTRUIRE TOUS TES MONSTRES...
TU NE POURRAS PAS RÉUNIR LES TROIS MONSTRES POUR INVOQUER DIEU.

L'OBÉLISQUE ENTRERA EN JEU !!!!!!

ZDOO

ZDOO

ZDOO

ZDOO

ZDOO

J'AI SAUVÉ MA CARTE OSIRIS, MAIS J'AI PRIS UN RISQUE EN UTILISANT "EXCHANGE"...
L'EXCHANGE
(carte de magie)
Chaque joueur choisit une carte parmi celles que possède son adversaire et l'échange contre une des siennes.
ON S'EST ÉCHANGÉ UNE CARTE.
CELLE QUE KAIBA A RÉCUPÉRÉE...
GROo
GROo
GROo
"LA RÉDUCTION DE LA VIE".
LA RÉDUCTION DE LA VIE
(carte piège)
Lorsque cette carte est masquée, chaque tour joué soustrait une carte chez l'adversaire. Les cartes soustraites rejoignent le cimetière des cartes.
OSIRIS DÉTERMINE SA PUISSANCE EN FONCTION DES CARTES TIRÉES...
CE PIÈGE VA L'EMPÊCHER D'AUGMENTER SA PUISSANCE.

WOOO
ALLEZ YÛGI !!!
C'EST À TOI DE JOUER !!!!!
VLAF
KAIBA NE VA PAS HÉSITER À L'UTILISER AU TOUR SUIVANT.
À MON TOUR !!!
JE PIOCHE UNE CARTE !!!
WOOOW
XY-DRAGON CANON
Attaque 2200
Défense 2400
KAIBA
Points de vie
2000
QUEEN KNIGHT
Attaque 1500
Défense 1600
YÛGI
Points de vie
4000

"BIG SHIELD GUARD" EN POSITION DE DÉFENSE !!!!
ZDOOO
BIG SHIELD GUARD
★★★★
Attaque 100
Défense 2600
CE N'EST PAS FINI !!!
JE MASQUE UNE CARTE ET...
... TERMINE MON TOUR !!!
ZRoo
ZRoo ZRoo
FUH !...
ENCORE UNE STRATÉGIE DÉFENSIVE.
JE N'AI TOUJOURS RIEN POUR CONTRER SON ROBOT...
JE NE VOIS PAS L'INTÉRÊT D'AVOIR NEUTRALISÉ L'OBÉLISQUE...

ÇA NE M'INTÉRESSE PAS D'AVOIR UNE LARVE À SACRIFIER.

JE ME SUIS PROMIS DE TE FAIRE SOUFFRIR UN VÉRITABLE CALVAIRE AVANT DE T'ENVOYER DANS LES TÉNÈBRES...

ZDOO ZDOO

À MOI DE JOUER !!!

ZDOO

VLAF

FUH...

GRO GRO GRO

AU TOUR SUIVANT, MON OBÉLISQUE SERA DÉLIVRÉ...

WOOOOW
UNE FOIS LIBÉRÉ, IL T'ÉCRASERA !!!!!
YÛGI !! TON HEURE A SONNÉ !!!!
ZR...
VLAF
JE MASQUE UNE CARTE !!!
!!
UNE CARTE MASQUÉE !!!
PAS DE DOUTE SUR CETTE CARTE...
IL S'AGIT DE "LA RÉDUCTION DE LA VIE" !
CE N'EST PAS TOUT !!!

ZDOO ZDOO
J'INVOQUE "Z-METAL CATERPILLAR" !!!!!
ZDOO
ZDOO
Z-METAL CATERPILLAR ★★★★
Attaque 1500
Défense 1300
UN TROISIÈME MAGNET MONSTER !!!
GRO
!!
GRO
JRii JRii
LORSQUE X,Y ET Z FUSIONNENT, UN NOUVEAU POUVOIR SE DÉCLENCHE !!!!
GRO
GRO
JRii

JRiiin
X.Y.Z FUSIONNENT !!!!
"X.Y.Z DRAGON CANON" !!!!
GRASH
LA TACTIQUE DE KAIBA ...
IL COMPTE SUR LA PUISSANCE DE L'OBÉLISQUE...
ON DIRAIT QUE LES JEUX SONT FAITS...
GSHANKS
UN NIVEAU D'ATTAQUE DE 2800 POINTS !!!
QUAND SON OBÉLISQUE SERA LIBÉRÉ, IL POURRA SACRIFIER CES TROIS MONSTRES POUR INVOQUER DIEU !!
... TOUT EN AYANT PRÉVU UN MONSTRE EXTRÊMEMENT PUISSANT POUR RENFORCER SON JEU !!
GSHANKS

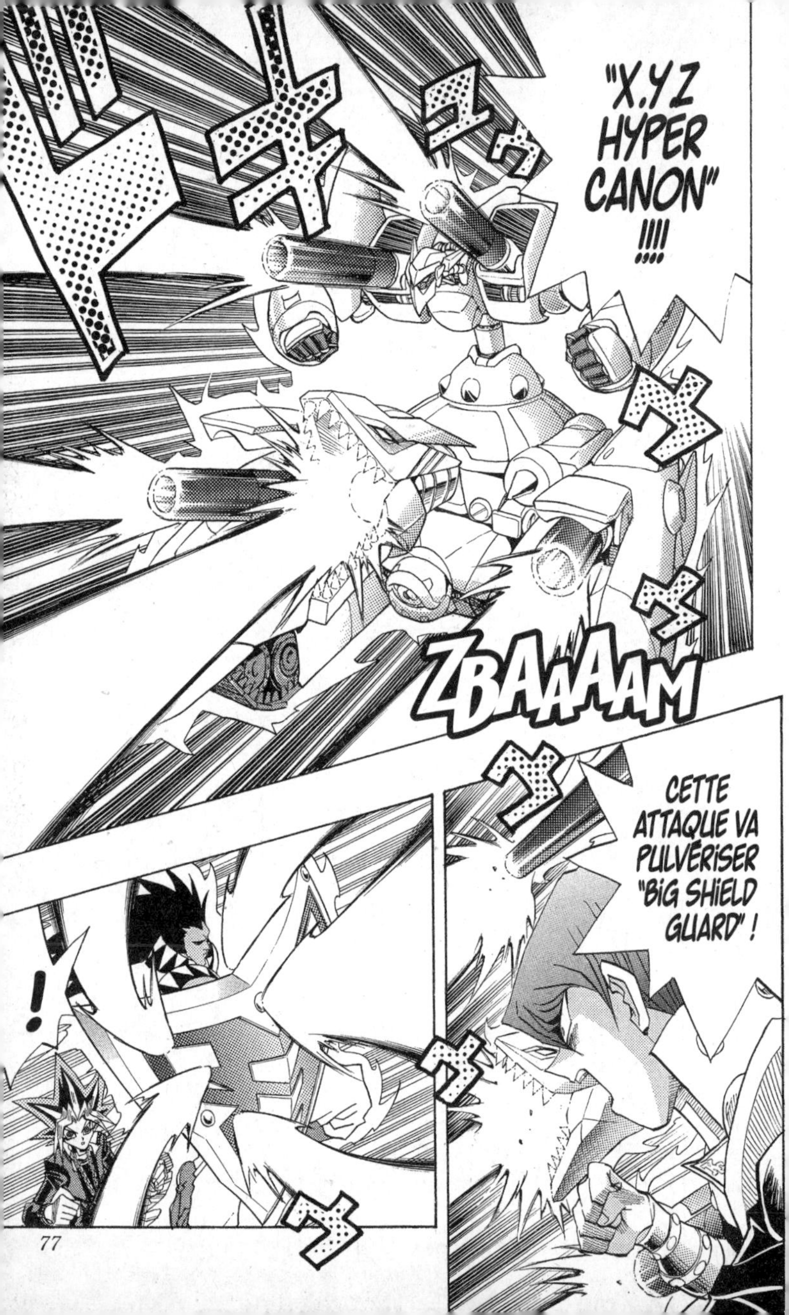
"X.Y.Z HYPER CANON" !!!!
ZBAAAAAM
CETTE ATTAQUE VA PULVÉRISER "BIG SHIELD GUARD" !
!

ZBOOOM
GRR !
WAH HA HAAAA !!!
JE VAIS DÉTRUIRE TOUS TES MONSTRES.
J'EN PROFITERAI ÉGALEMENT POUR PULVÉRISER TON ÂME !!!!
ZDOO
ZDOO
ZDOO
PFH ...
JE SAIS QUE TU VAS COMMENCER PAR ATTAQUER "BIG SHIELD GUARD", À CAUSE DE SON NIVEAU DE DÉFENSE ÉLEVÉ !
.....!!
JE NE VAIS PAS LAISSER PASSER CETTE OCCASION...
COMMENT ?

Z DONG
JE DÉCLENCHE LE PIÈGE !!!!
"LA CORDE DE L'ÂME" !!!!
LA CORDE DE L'ÂME (carte piège)
Elle s'active lorsque le joueur perd tous ses monstres. En sacrifiant 1000 points de vie, l'on peut invoquer le pouvoir spécial d'un monstre 4 étoiles qui se trouve dans son tas de cartes.
"LA CORDE DE L'ÂME" ?!
ELLE VA S'ACTIVER LORSQUE TU AURAS DÉTRUIT MES MONSTRES EN JEU.
EN SACRIFIANT 1000 POINTS DE VIE, JE VAIS POUVOIR INVOQUER UN MONSTRE 4 ÉTOILES.
CETTE CARTE EST...
YÛGI
Points de vie
3000

GROo GROo
GROo
J'iNVOQUE "KiNG KNiGHT" !!!
KING KNIGHT
★★★★
Lorsque King Knight et Queen Knight se trouvent dans le jeu, l'on peut invoquer Jack. Attaque 1600 Défense 1400
QUAND KiNG ET QUEEN SE TROUVENT DANS LA PARTiE...
...!
NON...
KiNG... QUEEN...
Si...
... JE PEUX iNVOQUER LA CARTE "JACK KNiGHT" !
UN TRiPLE COMBO ?!
OUi, COMME POUR TES MONSTRES MAGNETS.
MOi AUSSi, J'AVAiS PRÉVU UN PLAN POUR iNVOQUER DiEU.
GRR...
VLAF
ALLEZ !!!

Z DOM
"JACK KNIGHT" !!!!!
JACK KNIGHT
QUEEN KNIGHT
Attaque 1500
Défense 1600
Attaque 1600
Défense 1400
J'AI AINSI RÉUNI TROIS MONSTRES À SACRIFIER !
C'EST MOI QUI POURTANT MENAIS LE JEU... IL A RENVERSÉ LA SITUATION ?!
ET C'EST YÛGI QUI VA INVOQUER DIEU LE PREMIER ?!!

À MOI DE JOUER !!!
JE SACRIFIE TROIS MONSTRES AU CIEL !!!!
KAAAH
GROOOOO

LE DRAGON VOLANT D'OSIRIS
J'INVOQUE LE DRAGON VOLANT D'OSIRIS !!!!
VLAF

ZDOOOOOO
KRUU KRUU... TRÈS DRÔLE...
DANS CE CAS, JE VAIS PASSER À L'ATTAQUE AVEC L'OBÉLISQUE.

LE DRAGON VOLANT D'OSIRIS
★★★★★★★★★★
À chaque fois que le joueur adverse placera un monstre en jeu, il perdra 2000 points.
Le X est à remplacer par le nombre de cartes que le joueur a en main.
Attaque X000
Défense X000
Battle 255
L'OBÉLISQUE CONTRE-ATTAQUE !!

J'INVOQUE LE DRAGON VOLANT D'OSIRIS !!!!!
ZDOOO
ドドド
ZDOOO ZDOOO
ドドドドド

ZDOOO
LE DRAGON VOLANT D'OSIRIS.
GWOOOOW
ZDOO
ZDOO
CE MAUDIT YÛGI... IL ME FAIT L'AFFRONT D'INVOQUER DIEU LE PREMIER ...!!
URKS!!
ZRUM ZRUM ZRUM

ON DIRAIT QUE L'ARRIVÉE D'OSIRIS CHANGE LA DONNE !
BLAM
BOUH !!!
BOUH !!!
PFH !
JE N'EN SUIS PAS SI SÛR.
REGARDE LES CARTES QUE TU TIENS ENTRE TES MAINS...
LA PUISSANCE DE DIEU SE DÉCIDE EN FONCTION DES DIFFÉRENTS NIVEAUX D'ATTAQUE ET DE DÉFENSE DES CARTES QUE TU AS EN MAIN.
SUR CE TOUR... TU N'AS QUE TROIS CARTES...
CE N'EST PAS TOUT...

LE NiVEAU D'ATTAQUE D'OSiRiS EST DE 3000 POiNTS !
OUi, MAiS TON "X.Y.Z DRAGON CANON" POSSÈDE UN NiVEAU D'ATTAQUE DE 2800 POiNTS...
PFH ...
Si JE PASSE À L'ATTAQUE, JE VAiS LE DÉTRUiRE EN UN SEUL COUP !
AiNSi, TU NE POURRAS PAS iNVOQUER DiEU !
FUH FUH...
ESSAiE DE PASSER À L'ATTAQUE...

IL A L'AIR DE ME SUGGÉRER QU'IL N'A RIEN À CRAINDRE DE MON ATTAQUE ...?
ENTRE OSIRIS ET SON ROBOT, IL N'Y A QUE 200 POINTS D'ATTAQUE DE DIFFÉRENCE...
SA CARTE MASQUÉE !!!
MOI QUI PENSAIS QUE C'ÉTAIT "LA RÉDUCTION DE LA VIE"...
LA RÉDUCTION DE LA VIE
(carte piège)
Lorsque cette carte est masquée, chaque tour joué soustrait une carte chez l'adversaire. Les cartes soustraites rejoignent le cimetière des cartes.
LE PIÈGE N'A ENCORE AGI QU'UN SEUL TOUR. JE NE PEUX PAS JETER MA CARTE...
ALORS YÛGI ?
QU'ATTENDS-TU POUR ATTAQUER ?

URKS...

FUH... KAIBA JOUE LE BLUFF ...
OU ALORS ...?

IL A RÉUSSI À FAIRE DOUTER YÛGI AVEC UNE CARTE MASQUÉE. YÛGI A POURTANT DIEU DANS SON CAMP.
KAIBA SE DÉFEND BIEN...

QU'IL ATTAQUE OU NON ...
LA VICTOIRE EST DÉJÀ ENTRE MES MAINS.

ET SI SA CARTE MASQUÉE EST UNE CARTE QUI AUGMENTE LA PUISSANCE DE SON COMBO...?
OSIRIS SE FERA TUER !!!!
POURTANT... JE VAIS ÊTRE OBLIGÉ D'ATTAQUER.
SINON, IL VA INVOQUER L'OBÉLISQUE AU TOUR SUIVANT...
PAR CONTRE, SI KAIBA EST EN TRAIN DE BLUFFER ...
IL EST FORT POSSIBLE QUE SA CARTE SOIT CELLE DE "LA RÉDUCTION DE LA VIE"...
ZROO ZROO

KAAH
JE NE DOIS PAS M'ÉCHAP-PER !!!!!
GRO.
GRO.
GRO.
OSIRIS PASSE À L'ATTAQUE !!!!
GRO..
JE M'EN DOUTAIS ...
FUUUW

ZKYuuuN
JE DÉCLENCHE LA CARTE MASQUÉE !!!
THUNDER FORCE !!!!

"LA TÉLÉPOR-TATION"
LA TÉLÉPORTATION
(carte de magie)
Elle permet de déplacer un monstre dans un autre emplacement.
CE N'EST PAS "LA RÉDUCTION DE LA VIE" ?!
VRiiiiish
GRO.
GRO. GRO.
Vyun
TRANSFERT!!!
!!
SA CARTE "X.Y.Z DRAGON CANON" VIENT DE DISPARAÎTRE DU JEU !!!!!
GRÂCE À L'EFFET DE CE SORT...

ZBOOOM
L'ATTAQUE D'OSIRIS VIENT DE TOMBER À L'EAU !
VYUN
!!
Z DOM
LE ROBOT PEUT DÉSORMAIS REPRENDRE SA PLACE !!!!
WAH HA HAA ! YÛGI, ON DIRAIT QUE CE TOUR NE T'A SERVI À RIEN !

JE VOIS... CE SORT TE SERT À RETARDER LE SACRIFICE...
MAIS ...
... JE N'AI PAS ENCORE TERMINÉ MON TOUR.
QUOI ?!
IL RÉDUIT ENCORE SON NOMBRE DE CARTES ?!
MON TOUR EST TERMINÉ !!!
BLAM
MOI AUSSI, JE PLACE UNE CARTE MASQUÉE !
ZRUU
ZRUU
ZRUU
OSIRIS Attaque 2000
C'EST ABSURDE..! IL NE LUI RESTE PLUS QUE DEUX CARTES !!
AU TOUR SUIVANT, IL DEVRAIT SAVOIR QUE JE VAIS INVOQUER L'OBÉLISQUE. SON NIVEAU D'ATTAQUE EST DE 4000 POINTS !!
KAIBA, C'EST À TOI DE JOUER !!!
TU N'AS MÊME PAS BESOIN D'INVOQUER L'OBÉLISQUE POUR BATTRE OSIRIS ! TON ROBOT DEVRAIT SUFFIRE !

JE PROFITE DE CE TOUR POUR...
...TESTER SI TU AS VRAIMENT DU COURAGE !
PFFH...
HE HE...
L'OBÉLISQUE VA ENFIN ÊTRE LIBÉRÉ DU SORT.
JE SAIS DÉJÀ COMMENT TERMINER CETTE PARTIE.
VLAF
JE TIRE UNE CAR-TE !!!
SHUUUU
WAH HA HAA !!!
JE VAIS TE MONTRER DIEU...
GLOUPS

J'OFFRE "X.Y.Z DRAGON CANON" EN SACRIFICE !
GROOOO
VLASH
TU VAS DESCENDRE DU CIEL ET DEVENIR MON SERVITEUR !!!!
GRAAP
LE DIEU DE LA DESTRUCTION OBÉLISQUE.
LE SOLDAT GÉANT DE L'OBÉLISQUE
Le joueur devra sacrifier deux corps au dieu. L'adversaire se verra subir des dommages physiques et les monstres adverses seront détruits.
Attaque 4000
Défense 4000

GROO GROO
GROO
GRO
SON POUVOIR, CAPABLE DE FAIRE L'UNIVERS, ME CONDUIRA SUR LE CHEMIN DE LA VICTOIRE !
GROO GROO
GROO GROO
WAH HA HA HAAAA !!!!
UNE PUISSANCE PRODIGIEUSE ...!!
IL ARRI-VE ...
DEMENT !!!

J'INVOQUE "LE SOLDAT GÉANT DE L'OBÉLISQUE" !!!!
ZDOO
ZDOO ZDOO

GROO
GROO
GROO
LE SOLDAT GÉANT DE L'OBÉLISQUE...
UNE PUISSANCE QUI DÉBORDE D'ÉNERGIE ...!
GROO
UNE PRESSION ET DES FRÉMISSEMENTS ME TRAVERSENT LE CORPS !!!!!
ZUMF

YUGI...
JE CROIS QUE LE MOMENT EST ENFIN ARRIVÉ... LE DUEL DES DIEUX...
GROO
LE DRAGON VOLANT D'OSIRIS Attaque 2000
GROO
JE VAIS TUER TON OSIRIS.
GROO

GROO
JE VAIS RÉCUPÉRER LES DIEUX !!!!
ET DEVENIR LE ROI DES DUELLISTES ! WAH HA HAA !
GROO

Battle 256
DIEU VS DIEU !!

YÛGI, REGARDE !!!!
L'ARRIVÉE DE L'OBÉLISQUE !!!!
ZDOO
ZDOO ZDOO
ZDOO

YÛGI ! MON OBÉLISQUE VA PULVÉRISER TON DIEU !
LE VOICI ENFIN... LE FAMEUX SOLDAT GÉANT DE L'OBÉLISQUE.

GRO. GRO. GRO.
ゴ" ゴ" ゴ"

L'HEURE DE L'AFFRON-TEMENT EST ARRIVÉE...

LE DUEL DES DIEUX...

POUSSER LA PORTE DE CE MYSTÈRE, TU AS BESOIN DES POUVOIRS DES CARTES DIVINES.
LES ENNEMIS QUE TU CROISERAS SUR TON CHEMIN SONT AUTANT D'ÉPREUVES QUE DIEU T'INFLIGE POUR TE LIVRER TON SECRET.
COMME L'ENTITÉ MALÉFIQUE QUI HANTE MON FRÈRE MARIK...
KRUU KRUUU ...
BIEN... QUI VA ÉLIMINER L'AUTRE...?
EH ! REGARDEZ !
L'OSIRIS DE YÛGI ET L'OBÉLISQUE DE KAIBA VONT SE BATTRE !
COMMENT?!
YÛGI.

C'EST TERRIBLE ...!
YÛGI ...!
BON, JÔNO-UCHI ! TU VAS ARRÊTER DE DORMIR ET TU VAS VENIR ENCOURAGER YÛGI !
T'AS COMPRIS ?!
HONDA !!!
JÔNO-UCHI, JE T'EMMÈNE !!!!
EH, ATTENTION !!!
LA FERME ! JE SAIS QU'IL VEUT VOIR LE DUEL DE YÛGI !
BLIP !
!
L'ÉLECTROCARDIOGRAMME VIENT DE RÉAGIR..!
C'EST INCROYABLE...

ZDOO
ZDOO
ZDO
ZDO
YÛGI N'A QUE DEUX CARTES EN MAIN.
SON OSIRIS N'A QU'UN NIVEAU D'ATTAQUE DE 2000 POINTS !
KAIBA!!!
L'INVOCATION DE TON OBÉLISQUE VA DÉCLENCHER UN POUVOIR PARTICULIER D'OSIRIS.
LE SHO-RAIDAN !!!

ON Y VA !!!
GROO GROO
GROO GROO
LE POUVOIR SPÉCIAL D'OSIRIS !!!!
URKS !!
LA FOUDRE DE DIEU INFLIGE 2000 POINTS DE DÉGÂTS AU DIEU QUI VIENT D'ÊTRE INVOQUÉ !!!!
ZGRAAA
LE SHORAIDAN* !!!!
* LE POUVOIR DE LA BALLE FOUDROYANTE.

GWOOOOW!!!
MAIS L'EFFET DE LA MAGIE OU UN POUVOIR SPÉCIAL N'AGIT QUE PENDANT UN SEUL TOUR SUR UN DIEU.
LA FOUDRE VIENT DE RÉDUIRE SON NIVEAU D'ATTAQUE À 2000 POINTS.
AU TOUR SUIVANT, IL VA RÉCUPÉRER SES 4000 POINTS D'ATTAQUE...
LE SOLDAT GÉANT DE L'OBÉLISQUE
Attaque
2000
ZGRAA
ZGRAA

LE SOLDAT GÉANT DE L'OBÉLISQUE Attaque 2000
SUR CE TOUR DE JEU, LES DIEUX SONT AU MÊME NIVEAU DE PUISSANCE...
LE DRAGON VOLANT D'OSIRIS Attaque 2000
ATTAQUER NE SERVIRAIT À RIEN...
YUGI S'EST SERVI DU POUVOIR SPÉCIAL ET N'A CONSERVÉ QUE DEUX CARTES...
IL VA ENSUITE AUGMENTER LA PUISSANCE D'OSIRIS DE 1000 POINTS ET AINSI ATTEINDRE 3000 POINTS.
MAIS L'OBÉLISQUE VA RETROUVER SES 4000 POINTS D'ATTAQUE.
LE TOUR SUIVANT SERA DÉCISIF !!!!
BLAM
JE MASQUE UNE CARTE.
ET MON TOUR EST TERMINÉ !

UNE CARTE MASQUÉE !!!!
UN SORT DE MAGIE...? OU BIEN UN PIÈGE DANS LE STYLE "LA RÉDUCTION DE LA VIE"...?
À MOI DE JOUER !!!
VLAF
JE TIRE UNE CARTE ET J'AUGMENTE LA PUISSANCE D'OSIRIS !!!!
ET VOILÀ ! L'OBÉLISQUE A RÉCUPÉRÉ SES POINTS D'ATTAQUE !
LE SOLDAT GÉANT DE L'OBÉLISQUE Attaque 4000
LE DRAGON VOLANT D'OSIRIS Attaque 3000
EST-CE QUE JE DOIS M'ENGAGER MAINTENANT ...?
MAIS... JE RISQUE DE TOMBER DANS UN PIÈGE ...
JE NE PEUX PAS UTILISER LES CARTES QUE J'AI EN MAIN...
... SOUS PEINE DE FAIRE BAISSER LE NIVEAU D'ATTAQUE D'OSIRIS...
KRUU KRUU ...
ON DIRAIT QUE TU ES FIGÉ FACE À LA PUISSANCE DE L'OBÉLISQUE ...

UN LÂCHE N'EST PAS DIGNE D'UTILISER UNE CARTE DIVINE !
VLAF
FUHM !!!
À MOI !!!
JE TERMINE MON TOUR !!!
YÛGI ! ON Y VA !
ZDOO
ZDOO
ZDOO
TU VAS RECEVOIR LE CHÂTIMENT DE DIEU.
L'ATTAQUE DE L'OBÉLISQUE !!!

ZDOO
GOD HAND CRUSHER !!!!
ZDOO
ZDOO
ZDOO
OSIRIS, TU VAS VOLER EN ÉCLATS !!!!!
URKS ...!!

Z-DOOOM
JE DÉVOILE MA CARTE MASQUÉE !!!!
WOOOW
LA JARRE DE LA CUPIDITÉ (carte de magie)
Le joueur tire deux cartes de son tas et détruit ensuite la jarre.
LA JARRE DE LA CUPIDITÉ !!!

!!
"LA JARRE DE LA CUPIDITÉ" ?!
OUI, ÇA ME PERMET DÉSORMAIS D'AVOIR DEUX CARTES SUPPLÉMENTAIRES EN MAIN !!
GROO GROO
GROO
ET OSIRIS AUGMENTE SA PUISSANCE À 5000 POINTS.
LE SOLDAT GÉANT DE L'OBÉLISQUE Attaque 4000
LA CONTRE-ATTAQUE, "THUNDER FORCE" !!!!
LE DRAGON VOLANT D'OSIRIS Attaque 5000
!!

WOOOW

WOOOW
GWOOW
JE VAIS DÉCLENCHER LE PIÈGE !
URKS !!!!
LA RÉDUCTION DE LA VIE (carte piège)
Lorsque cette carte est masquée, chaque tour joué soustrait une carte chez l'adversaire. Les cartes soustraites rejoignent le cimetière des cartes.
!!
Z-DOM
"LA RÉDUCTION DE LA VIE" !!
ELLE EST RESTÉE MASQUÉE PENDANT UN TOUR, JE VAIS DONC PERDRE UNE CARTE !

ZDOO ZDOO
LE SOLDAT GÉANT DE L'OBÉLISQUE Attaque 4000
ZDOOOO
ZDOO
LE DRAGON VOLANT D'OSIRIS Attaque 4000
ZDOO
LES DIEUX SONT À ÉGALITÉ !!!!
QUI VA PRENDRE LE DESSUS SUR L'AUTRE ?!
GRAAAW!!!

Z-DOOOO
GWAF!!!

Battle 257
LA MARQUE DU DESTIN !!

OSIRIS !!!
OSIRIS ET L'OBÉLISQUE SONT AU MÊME NIVEAU DE PUISSANCE !!!
GROO
GROO
L'OBÉLISQUE...
ZRUM
ZRUM
ZRUM

Brüsh
COMMENT ...?!
GROO
GROO GROO
KRIIK
GROO
DIEU CONTRE DIEU... UN COMBAT AU-DELÀ DE LA MORT...
GROO
GROO
GROO
GROO
!!
iLS VONT PÉRIR ENSEMBLE ...?

KAAAH
GROO
CETTE LUMIÈRE...?
GROO
LE SIGNE DE L'AFFRONTEMENT DES DIEUX ?!
GROO
GROO
GROO

!!
LA TOUR A EXPLOSE ?!
YUGI !!!
C'EST QUOI CETTE LUMIÈRE ?!!
GROO GROO
GROO
LE DUEL DES DIEUX FAIT APPARAÎTRE LA LUMIÈRE DU CHAOS !
MON FRÈRE !!!
!!
MAIS... ?!
MA HACHE MILLÉNAIRE S'ÉCLAIRE ?!
COMME LA DERNIÈRE FOIS !!
Kyiiiin...
LES SOUVENIRS DE SETO KAIBA...!!
LA MÉMOIRE ...

LA LUMIÈRE DE LA MÉMOIRE ...
GROOOOW
KAAH
Kyiiiin
UWAAAW !!!

Z-DOM
GROOOW
QUE SE PASSE-T-IL ?
MAIS...

DOM
KRUU KRUU ...
C'EST CRUEL, MAIS LE ROYAUME VA DISPARAITRE...
TU ES DÉSORMAIS NU ET SANS PROTECTION...

LE GRAND PRÊTRE DES TÉNÈBRES A, PAR LE POUVOIR MALÉFIQUE, DOMINÉ LE CIEL ET LA TERRE.
TON POUVOIR, ENFERMÉ DEPUIS DES MILLÉNAIRES, NE PEUT RIEN CONTRE CETTE FORCE...
CE N'EST PAS TOUT...
LES POUVOIRS DU SCEPTRE MILLÉNAIRE ET CELUI DE MON SERVITEUR...
... SERONT, POUR TOI, UN ENNEMI POUR L'ÉTERNITÉ...
JE RÉPÈTE...
JE N'AI NI L'INTENTION DE T'AIDER...
... NI ENVIE DE ME SOUMETTRE AUX FORCES DES TÉNÈBRES.
JE DOIS JUSTE TE BATTRE ICI...
COMME TU VOUDRAS.

LA PUISSANCE DE MON SERVITEUR FAIT TREMBLER LES CIEUX...
MON POUVOIR DIVIN VA VOUS FAIRE DISPARAÎTRE DE CET UNIVERS.
GROO GROO
GROO GROO GROO
GROO GROO
LE DUEL !!!
GROO
GROO GROO
À MOI LE DRAGON BLANC !!!
GROOO
J'INVOQUE...
... LE MAGICIEN NOIR QUI SOMMEILLE DANS CES DESSINS !!!

ZDOO
ドド
ZDOO
ドド
ZDOO ZDOO
ドド
CETTE LUMIÈRE...
NON...
ELLE SYMBOLISE UNE PARTIE DE MA MÉMOIRE DISPARUE ...?!
LE MONSTRE QUI SORT DE CES DESSINS... AUCUN DOUTE LÀ-DESSUS, C'EST LE BLUE EYES WHITE DRAGON...!!
ET PUIS ...

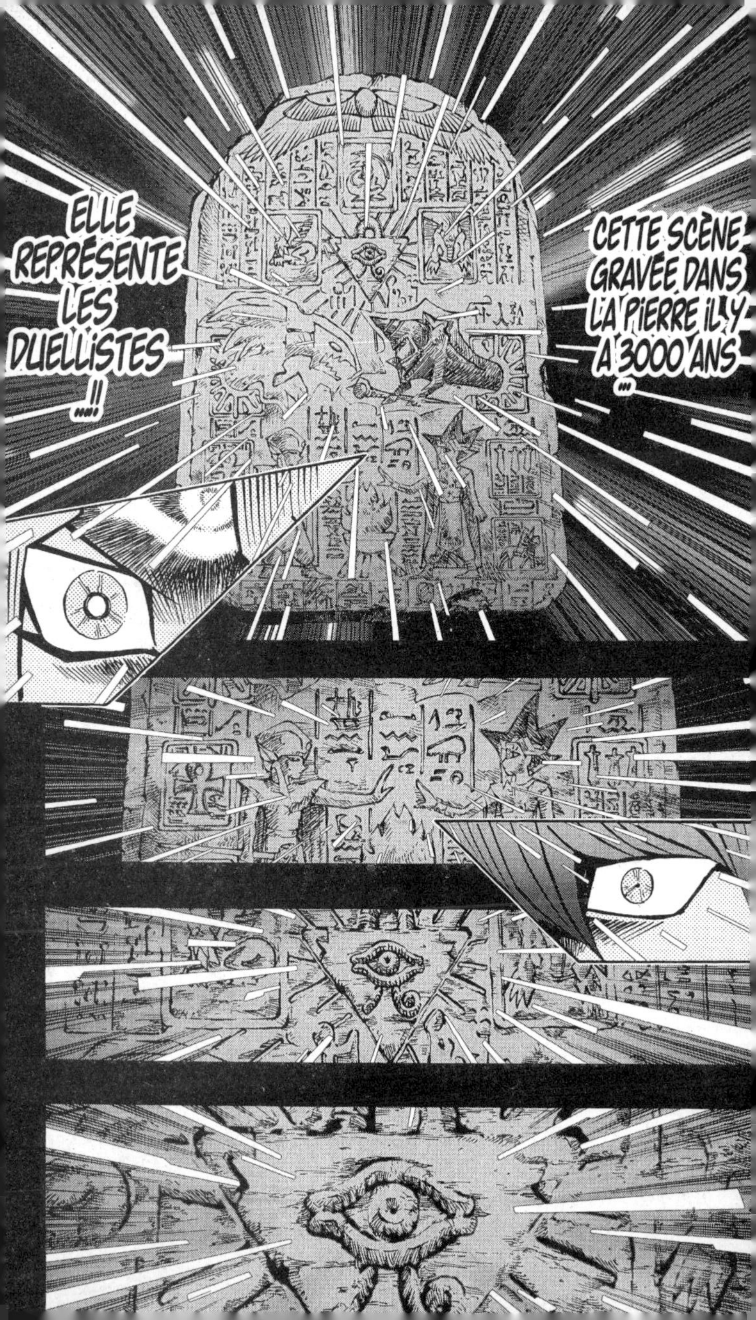
CETTE SCÈNE GRAVÉE DANS LA PIERRE IL Y A 3000 ANS ...
ELLE REPRÉSENTE LES DUELLISTES ...!!

ZDOM

FUAH!!!
FUAH!!!
FUAH!!!
FUAH!!!

LES DIEUX ONT DISPA-RU...
GROO
ON DIRAIT QUE MON OBJET MILLÉNAIRE EST VENU INTERFÉRER DANS LEUR MÉMOIRE...
GROO
GROO
JE NE COM-PRENDS PAS...
POURQUOI...?
GROO

CETTE VISION, QUI EST DE NOUVEAU APPARUE DANS MA TÊTE...

CE N'EST PAS POSSIBLE.

CE GARÇON QUE JE CHASSAIS DANS CETTE VISION...

CE GARÇON...

QUELLE EN EST L'ORIGINE ?

BLAM

C'EST YÛGI !!!

LÀ-BAS AVEC LUi !!!!
DOM

NOUS N'AVONS PLUS BESOiN DE DiEU POUR NOTRE AFFRONTE-MENT.

C'EST UN COMBAT QUi NOUS ATTEND DEPUiS DES MiLLÉNAi-RES.

WOOOW
LE DUEL DE NOTRE DESTiN ...!!

Battle 258

LE SERVITEUR QUI SURPASSE DIEU !!

DIEU CONTRE DIEU... LE CHOC DE L'AFFRONTEMENT A DÉGAGÉ UNE FORCE LUMINEUSE COLOSSALE, POUR FINALEMENT DISPARAÎTRE DANS LES AIRS...

LA VISION DU ROI, SERVI PAR UN MAGICIEN EN NOIR ...

ET CELLE D'UN PRÊTRE QUI UTILISE UN DRAGON BLANC.

CETTE SCÈNE EST CELLE QUI EST GRAVÉE DANS LA PIERRE.

UNE REPRÉSENTATION D'UN COMBAT QUI S'EST DÉROULÉ IL Y A 3000 ANS.

CETTE SCÈNE QUE J'AI VUE DANS CETTE FORCE LUMINEUSE...

UNE TRACE DE MA MÉMOIRE DISPARUE ...

C'EST ABSURDE.
GRRR...

LA VISION QUE J'AI EUE ÉTAIT RÉALISTE...
JE NE CROIS PAS À CETTE VISION QUI MONTRE UN MONDE OCCULTE. ÇA NE PEUT PAS EXISTER !!!!

GRR...
MAIS POURQUOI ?

CELUI QUI AFFRONTAIT LE PRÊTRE... LE ROI...

ZDONG
SON EXISTENCE ...

ZDOO
ZDOO
ZDOO
ENSUITE...
ET CETTE EXALTATION QUI ÉMANE DE CEUX QUI LUTTENT ARDEMMENT !!!!!
ZDOO
ZDOO ZDOO
CE N'EST PAS UNE VISION HALLUCINATOIRE...!!
KAAH
KAIBA !
MOI, J'AI COMPRIS...
CE COMBAT...
... EST CELUI QUI A TRAVERSÉ LES MILLÉNAIRES POUR VENIR SCELLER NOTRE DESTIN !

Battle 258
LE SERVITEUR QUI SURPASSE DIEU !!

TCHH!!!
LA DISPARITION DES DIEUX NOUS RAMÈNE AU POINT DE DÉPART...
MA HACHE MILLÉNAIRE... LE PUZZLE DE YÛGI...
SI JAMAIS LES SOUVENIRS DE YÛGI SONT ENFERMÉS DANS CES OBJETS...
GROO GROO
URKS...
MAIS ALORS...?
QU'EST-CE QU'ILS ONT VU...?
GROO
WOOOOW

LE BATTLE CITY SERT À DÉSIGNER LE VÉRITABLE DUELLISTE...
...MAIS AUSSI À RETROUVER MA MÉMOIRE DISPARUE !!

KAIBA, J'AI COMPRIS QUE JE DOIS TE BATTRE POUR OUVRIR LA PREMIÈRE PORTE QUI ME CONDUIRA À MA MÉMOIRE !!!!!
FUH...
JE ME FOUS DES IMAGES DU PASSÉ...
CE QUI COMPTE, C'EST DE TE BATTRE AUJOURD'HUI !!!!
SEUL L'AVENIR COMPTE... DEVENIR LE ROI DES DUELLISTES !!!
Z-DOOO
GARE À TOI !!!
CE TOUR...
DIEU A DISPARU, MAIS JE N'AI PAS ENCORE TERMINÉ !

VLAF
JE MASQUE UNE CARTE.
POUR TE BATTRE...
ET JE TERMINE MON TOUR !!!
IL N'Y A QUE CE SERVITEUR TRANSCENDÉ PAR DIEU...
Z-DOM
BLUE EYES WHITE DRAGON ★★★★★★★★
MON DRAGON BLANC !!!!
À MOI !!!
VLAF
JE TIRE UNE CARTE !!!
JE NE PEUX PAS ENCORE L'UTILISER...
MA CARTE CLÉ...

WOOW
KAIBA N'A PAS DE MONSTRE EN JEU. MAIS DANS SON CAMP, IL A UNE CARTE MASQUÉE.
EST-CE QUE MON ATTAQUE VA FONCTIONNER...?
BAFOMET ★★★
Attaque 1400
Défense 1800
GROO
FUH FUH ...
VLAF
GROO GROO
J'INVOQUE "BAFOMET" !!!!
LA CARTE PIÈGE ENTRE EN ACTION !!!!
ZDOO ZDOO ZDOO
"LA REPRODUCTION DU CLONE" !!!
LA REPRODUCTION DU CLONE
(carte piège)
Elle s'active à l'invocation d'un monstre. Le monstre cloné apparaît ensuite dans le jeu.
UN PIÈGE !!!
LA REPRODUCTION DU CLONE !!!!

GROO GROO GROO
UN CLONE DE BAFOMET VIENT DE SURGIR DANS LE CAMP DE KAIBA !
KRULI KRULI...
SI TU L'ATTAQUES, ÇA NE SERVIRA À RIEN.
GRRR...
JE PLACE "BAFOMET" EN POSITION DE DÉFENSE...
BLAM
JE MASQUE UNE AUTRE CARTE...
ET JE TERMINE MON TOUR !!!
CECI SE PASSE DE COM-MENTAIRE...
QUAND JE VAIS JOUER, JE VAIS SACRIFIER CE CLONE...

Zryu
ズ
ズ
ズ
Zryu
Zryu
Kruu kruu...
La carte de dieu a rejoint le cimetière... La prochaine carte que va invoquer Kaiba...
BLUE EYES WHITE DRAGON
Attaque 3000
Défense

Son white dragon !!!

Est-ce que ça me laissera le temps de tirer ma carte clé...?

À moi de jouer.
Je tire une carte !

Hé hé...

Mais pour invoquer un monstre 8 étoiles, il faut sacrifier deux monstres...
Même s'il l'a en main, il ne pourra pas l'utiliser au tour suivant...

Yûgi, je vais t'apprendre une chose.
Mon dragon est déjà entre mes mains.
!
Ce n'est pas tout.

TU N'AS PAS L'AIR DE CROIRE QUE JE VAIS POUVOIR L'UTILISER MAINTENANT...
MAIS REGARDE CETTE CARTE DE MAGIE !!!
JE VAIS INVOQUER LE DRAGON GRÂCE À CETTE CARTE !!
Z DOM
COST DOWN
(carte de magie)
Elle n'agit que pendant un tour et permet de baisser de deux étoiles le niveau d'un monstre.
COMMENT ?!
EN BAISSANT DE DEUX ÉTOILES, IL N'A BESOIN QUE D'UN SEUL MONSTRE À SACRIFIER POUR INVOQUER SON DRAGON !!
Z RUY
OUI, JE VAIS ABAISSER LE NOMBRE D'ÉTOILES DE LA CARTE QUE J'AI EN MAIN.
Z RUY Z RUY
RE-GARDE CE QUI VA SUIVRE...
CE N'EST PAS UN MIRAGE ...
... C'EST LE PLUS PUISSANT DES MONS-TRES.

JE SACRIFIE LE MONSTRE CLONE.
GROO
GROO
À MOI "BLUE EYES WHITE DRAGON" !!!!
GROO
GROO
ZDOO
GROO
GROO
ZDOO
ZDOO
GROO

ZDOO
ZDOO
YUGI !...
VOICI LA SUITE DE LA SCÈNE ANTIQUE ÉGYPTIENNE...
LA SCÈNE OÙ L'ON TE VOIT PERDRE !! ET CECI SE PASSE DANS LA RÉALITÉ ! WAH HA HA !

GROO GROO GROO
LE DRAGON PASSE À L'ATTA-QUE !!
ZGROOOOO
BURST STREAM !!!!
BAFOMET EST PULVÉRISÉ !!!!

WOOOOW
URKS !!
WAH HA HA !!!
ALLEZ... À PARTIR DE MAIN-TE-NANT...
... TES MONSTRES DE MOINS DE 3000 POINTS VONT DISPARAÎ-TRE.
ET TON ÂME SERA RÉDUITE EN BOUILLIE !!!
...
À MOI DE JOUER.
MON TOUR EST TERMINÉ !!!
ZDOO
ZDOOZDOO
GLOUPS
Z DONG
CETTE CARTE SERA DÉCISI-VE ...
VAIS-JE PERDRE LA TRACE DE MA MÉMOIRE À JAMAIS...?

JE PIOCHE !!!!
VLAF
LA RÉSURRECTION DES MORTS (carte de magie)
DONG

!!
CES ÂMES VIVENT ENCORE !!!
NOUS EN SOMMES LES HÉRITIERS !!!!
DONG
GROO GROO
CE N'ÉTAIT PAS UNE HALLUCI-NATION !!!!!
GROO
VLAF
JE DÉCLENCHE LA CARTE DE MAGIE, "LA RÉSURRECTION DES MORTS" !!!!!
RÉVEILLE L'ÂME DU MAGICIEN QUI EST DANS LE CIMETIÈRE DES CARTES !!!
ZDOO
!!
ZDOO
LE MA-GI-CIEN !!!
ZDOO

À MOi "BLACK MAGiCiAN" !!!
BLACK MAGICIAN
★★★★★★
Attaque 2500
Défense 2100
ZDOM
LA RÉDUCTION DE LA VIE (carte piège)
Lorsque cette carte est masquée, chaque tour joué soustrait une carte chez l'adversaire. Les cartes soustraites rejoignent le cimetière des cartes.
ENSUiTE...
QUAND JE LUi Ai FAiT JETER UNE CARTE GRÂCE À "LA RÉDUCTiON DE LA ViE"...
!!
... iL A EU CETTE ViSiON !!!
... iL A JETE CELLE DE SON MAGiCiEN ...

ZDOOO
ZDOO
ZDOO ZDOO
KAIBA.
CE QUI VA SUIVRE N'EST PAS INSCRIT DANS LA PIERRE.
IL EST TEMPS DE RÉGLER NOS COMPTES !!!!

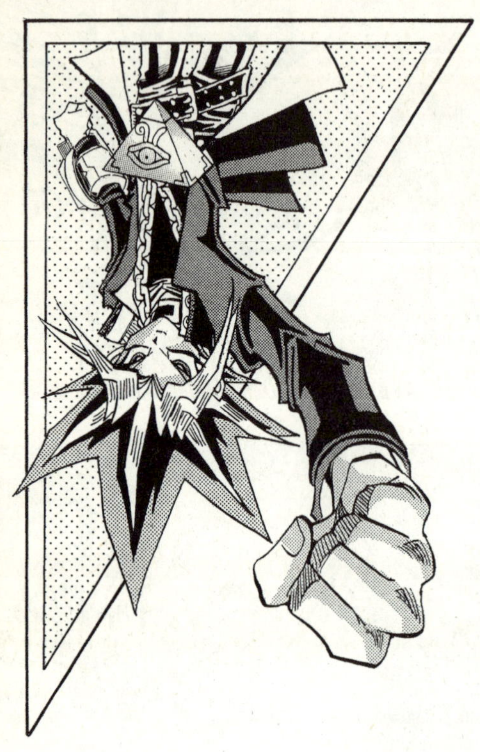

Battle 259
TRANSPARENT COMME DU VERRE !!

À MOI "BLACK MAGICIAN" !!!
Z-DON

GROO
GROO
GROO
BLACK MAGI-CIAN ...!!

CE MAGICIEN QUI LUTTE CONTRE MON DRAGON...
EXAC-TEMENT COMME DANS CETTE SCÈNE...!

ZDOO ZDOO ZDOOO
ZDOOO
CETTE SCÈNE GRAVÉE DANS LA PIERRE... UN HÉRITAGE DE NOTRE PASSE QUI REPRÉSENTE NOTRE COMBAT !!!
ET SI CE DUEL ÉTAIT UN MORCEAU DU PUZZLE DE MA MÉMOIRE DISPARUE...?
KAIBA ! JE SUIS OBLIGÉ DE GAGNER !!!!
JE DOIS RÉCUPÉRER MA MÉMOIRE !!!!
ZDOO ZDOO
CE N'EST PAS FINI !!!
VLAF

MON MAGICIEN N'EST PAS SUFFISAMMENT PUISSANT POUR LE CONTRER...

BLUE EYES WHITE DRAGON A UN NIVEAU D'ATTAQUE DE 3000 POINTS...

VLAF

JE PLACE UNE CARTE MASQUÉE !!!

LA PREMIÈRE "LE LIVRE DE MAGIE"...

ELLE NE SERA PAS SUFFISANTE POUR ÉGALER LE NIVEAU D'ATTAQUE DU DRAGON...

LE LIVRE DE MAGIE
(carte de magie)

Elle augmente de 500 points le niveau d'attaque d'un magicien.

FUHM !!!
ON DIRAIT QUE TOI AUSSI, TU AS EU LA MÊME VISION...
TU VEUX QUE JE TE DISE ?
CES PERSONNAGES SONT INSCRITS DANS NOTRE SUBCONSCIENT.
CE QUE L'ON VIENT DE VIVRE N'EST QU'UNE INTERPRÉTATION DE CES SOUVENIRS !
UNE HISTOIRE DE ROI... IL Y A 3000 ANS ?!
KRULI KRULI !!!
TU ME PRENDS POUR UN IDIOT ?
...

VLAF !!
À MOI MAINTE-NANT !
JE TIRE UNE CARTE !!!
...
"LES CARTES QUI RÉDUI-SENT LA VIE" !!!!
JE DÉCLEN-CHE LA MAGIE !!!!
UNE CARTE POUR RENFORCER SON JEU !
LES CARTES QUI RÉDUISENT LA VIE
(carte de magie)
Le joueur s'arrange pour avoir cinq cartes en main. Cinq tours plus tard, il devra les placer dans le cimetière des cartes.
AVEC CETTE CARTE, J'EN AI CINQ EN MAIN.
GROO
GROO
GROO GROO
VLAF
CE N'EST PAS TOUT.
JE MASQUE UNE CARTE !
SA CARTE MAS-QUÉE ...
CERTAINEMENT UNE CARTE QUI RENFORCE LE POUVOIR DE SON MAGICIEN...

ET L'AUTRE CARTE ...
... EST CERTAINEMENT "LA MALÉDICTION DU PENTAGRAMME" QUI SE DÉCLENCHE QUAND LE DRAGON PASSE À L'ATTAQUE...
DOM
YÛGI... NOS COMBATS PASSÉS M'ONT APPRIS COMMENT TU MÈNES UN DUEL ...
TON JEU EST PRÉVISIBLE... AUSSI TRANSPARENT QUE DU VERRE...
ZRRR ZRRR ZRRR
VLAF
ET POUR FINIR...
J'INVOQUE CE MONSTRE !!!
!

GROO GROO
ROAD OF DRAGON !!!
GROO GROO
ROAD OF DRA-GON !!!!
ROAD OF DRAGON ★★★★
Un magicien qui a le pouvoir de dominer les dragons.
Attaque 1200
Défense 1100
FUH FUH ...
IL PROTÈGERA MON DRAGON DES ATTAQUES MAGIQUES !!
ZDOOO
AU TOUR SUI-VANT ...
JE T'ÉCRASERAI !!!
ZRUU
MON TOUR EST TER-MINÉ.
À MOI DE JOUER !!!
IL CONNAÎT MA TACTI-QUE ...?!
ZRUU

QUAND LE DRAGON ATTAQUE MON MAGICIEN... " LA MALÉDICTION DU PENTAGRAMME" SE DÉCLENCHE ET BAISSE LE NIVEAU D'ATTAQUE DU DRAGON...
ET POUR FINIR, LE "LIVRE DE MAGIE" DEVAIT AUGMENTER LA PUISSANCE DE MON MAGICIEN ET TUER LE DRAGON.
ZRUU ZRUU
MAIS MON PLAN VIENT D'ÊTRE CONTRARIÉ PAR SA CARTE "ROAD OF DRAGON" !!!!
QUE FAIRE ?
ZRUU
VLAF
JE TIRE UNE CARTE.
YÛGI, J'AI DÉJÀ DEVINÉ LA SUITE !!!!!
JE VOIS DÉJÀ CE QUE TU VAS FAIRE.
TON JEU EST TROP TRANSLU-CIDE...

GROO
GROO
GROO
J'INVOQUE "MAGNET WARRIOR BÊTA" !
EN POSITION DE DÉFENSE !!!!
IL VEUT ATTAQUER "ROAD OF DRAGON" AVEC SON MAGICIEN ?
URKS
"BLACK MAGICIAN" ATTAQUE "ROAD OF DRAGON" !!!
ZDOO
ZDOO
ZDOO
ROAD OF DRAGON Défense 1100
BLACK MAGICIAN Attaque 2500
FUH FUH !!!
IL EST TOMBÉ DANS LE PIÈGE !!!

LE PIÈGE EST DÉCLENCHÉ !!!!
UN PIÈGE !!!
LE MIROIR MAGIQUE MÉCANIQUE (carte piège)
Lorsque l'ennemi passe à l'attaque, elle déclenche les sorts de magie des cartes qui se trouvent dans son cimetière.
BLAM
GRÂCE À ELLE, JE VAIS RÉACTIVER "LA RÉSURRECTION DES MORTS" QUI SE TROUVE DANS TON CIMETIÈRE.
"LE MIROIR MAGIQUE MÉCANIQUE" !!!
"LA RÉSURRECTION DES MORTS" !!
Z-DONG
LE MONSTRE QUE JE VEUX FAIRE RESSUSCITER EST...
!!
GROO
GROO GROO
... CELUI-CI...
GROO

ZDOO
LA CARTE DE DIEU, "LE SOLDAT GÉANT DE L'OBÉLISQUE" !!!!
ZDOO

L'OBÉLISQUE!!!
GROO
GROO
GROO
...IL VA M'AIDER À FORMER UN ÉCRAN DE PROTECTION PARFAIT !!
ZDOOO
DIEU NE POURRA RESSUSCITER QUE PENDANT UN SEUL TOUR. IL NE POURRA PAS ATTAQUER. MAIS...
LE MAGICIEN PORTE UNE ATTAQUE SUR L'OBÉLISQUE !!!!
ZDOO ZDOO
!!
COMMENT?!
ZDOOO

L'ATTAQUE DU MAGICIEN NOIR !!!
ZGRAAAAASH
LE SOLDAT GÉANT DE L'OBÉLISQUE
Défense
4000
BLACK MAGICIAN
Attaque
2500
ZGRAAA
ZGRAA
MAIS AUCUNE ATTAQUE N'AURA D'EFFET.
TU VAS PERDRE DES POINTS DE VIE.
GRAAA !!

GWAAAAW...
ZGRAAA
ZGRAAA
YÛGI
points de vie
1500
GRAAA
OBE-LISQUE, TU PEUX RETOUR-NER SOUS TERRE !!!
GROO
GROO GROO
KRUU KRUU... TON POINT FAIBLE, C'EST DE RESTER PRISONNIER DE TES VISIONS ET AUTRES HALLUCINA-TIONS !
GROOO

TOI ET CETTE MAUDITE IMAGE ANTIQUE QUI POLLUIEZ MON ESPRIT... VOUS ALLEZ ENFIN DISPARAÎTRE !!!!
ZGRAAAM
WAH HA HAAA!!!
MON AVENIR...
... SE TROUVE AU BOUT DE CETTE VICTOIRE.
MA ME-MOIRE DISPARUE ...
... COMME LE DIT KAIBA, SE TROUVE CERTAINEMENT DANS CETTE RECHERCHE À TRAVERS LE PASSÉ...
MAIS...
... SI JE NE LA RÉCUPÈRE PAS, JE NE POURRAI PAS AVANCER PLUS LOIN !!!!

À MOI.
JE TIRE UNE CARTE.
JE N'AI PAS L'INTENTION DE PERDRE !!!!
KAAH
YUGI, C'EST LE DERNIER TOUR !
ZDOM
J'ENCLENCHE UN SORT DE MAGIE !!!!
LA FLÛTE QUI APPELLE LES DRAGONS
(carte de magie)
Lorsque celui qui domine les dragons utilise cette flûte, tous les dragons présents dans le jeu apparaissent.
"LA FLÛTE QUI APPELLE LES DRAGONS" !!!
JE DOIS M'EMPARER DE CETTE LUMIÈRE QUI EST AU BOUT DE LA VICTOIRE !
GROO
... FAIRE RESSORTIR TOUS LES DRAGONS QUI SONT DANS MES MAINS...
QUAND CETTE FLÛTE VA RETENTIR, "ROAD OF DRAGON" VA...
GROO
LA FLÛTE QUI APPELLE LES DRAGONS !!!!!

LES TROIS "BLUE EYES WHITE DRAGON" !!!
ZDOOO
ZDOO
ZDOO ZDOO

OSIRIS VS OBÉLISQUE !! FIN Le tome 30 paraîtra en août 2004

La galerie des Lecteurs

Shiro - 13 ans
Charleville-Mézières

Fleur DEVOUASSOUX - 12 ans - Muret

Yannick DETCHOU - 11 ans - Nancy

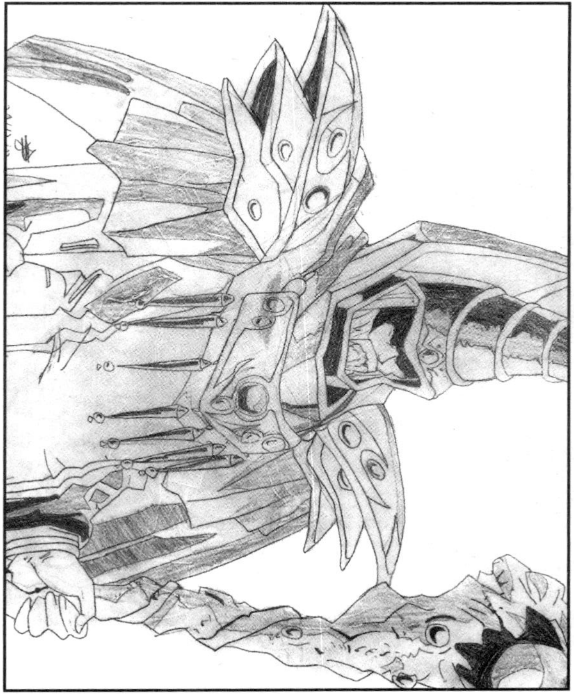

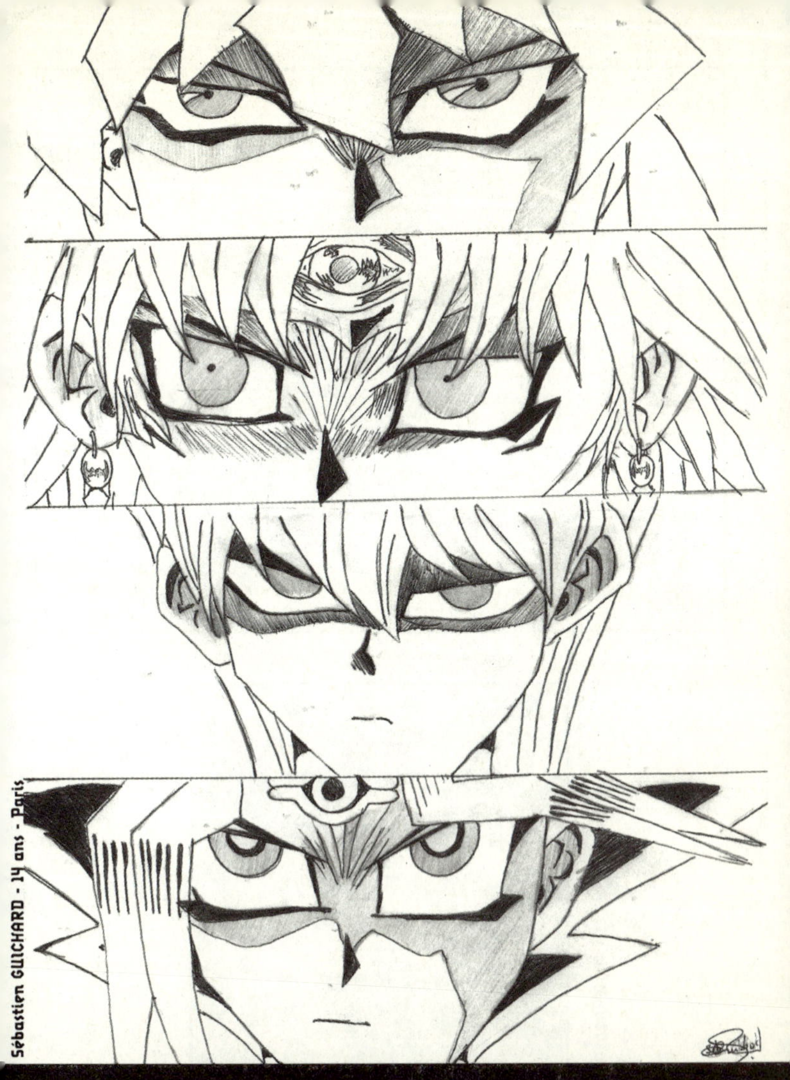

KANA, 15/27 rue Moussorgski, 75018 Paris

KANA, 7 avenue Paul-Henri Spaak, 1060 Bruxelles

Attention ! Les originaux ne sont pas retournés.

Prévoyez une bonne photocopie.

Les abonnés absents

Chère équipe Kana,
J'ai 13 ans et je suis en classe de 4e. Je suis un fan de Yûgi depuis à peu près 3 ans grâce au dessin animé et aux cartes mais surtout grâce au magnifique manga que vous publiez chaque bimestre. Je vous félicite encore une fois d'avoir amené Yû-Gi-Oh du Japon à l'Hexagone et je vous souhaite une bonne continuation. Je voudrais ensuite vous poser quelques questions :

1) Serait-il possible de s'abonner à "Yû-Gi-Oh", pour combien de temps et combien cela me coûtera ?

2) Est-ce que le art-book, sorti le 6 novembre 2002 au Japon, sera un jour disponible en français ?

Un fan incontesté de Yûgi

Miloud G – 13 ans – Bois Colombes (92)

Anonyme

bonjour à tous !

Mais à propos, comment dois-je vous appeler ? "Les rois du manga", ça ne sonne pas trop mal, non ? Moi, en tout cas, je m'appelle Tiphanie et j'ai 18 ans. Je suis une très grande fan de mangas et de tout ce que vous faites, mais je suis encore plus fan de Yugi ! Je vous écris pour vous présenter mon problème auquel vous trouverez, je l'espère de tout cœur, une solution. Je possède pratiquement toute la collection des Yû-Gi-Oh (eh oui, l'argent de poche n'est plus ce qu'il était !) mais il me manque des exemplaires extrêmement importants ! Plus précisément, les trois premiers de la série ! Il est impossible de se les procurer ! « Nous n'en avons pas ! » me répondent toujours les commerçants ! Vous n'avez pas une solution ? J'espère obtenir une réponse de votre part qui remplirait mon cœur d'espoir !

Tiphanie F. – Grand-Couronne (76)

Courrier

Cher Miloud, chère Tiphanie,

Comme nous avons eu l'occasion de le dire auparavant, nous ne proposons pas de formule d'abonnement et laissons le fastidieux travail de la vente par correspondance aux spécialistes que sont les libraires de mangas et autres revendeurs. Vous en trouverez des publicités dans la plupart des magazines qui parlent des mangas et de la culture japonaise pour les jeunes (tel "Animeland"). Une autre solution consiste à faire des "achats en ligne" sur Internet, pour ceux qui ont la chance d'y avoir accès. Une liste de revendeurs est disponible sur le site de l'équipe (www.mangakana.com).

Quant au art-book, il contient de nombreuses informations intéressantes et de ce fait, nous aimerions nous aussi le lire en version française. Si sa traduction n'est pas à l'ordre du jour, elle reste néanmoins à l'étude!

"Yû-Gi-Oh" on the Net

Cher Kana, je suis un admirateur de "Yû-Gi-Oh". Je voulais vous dire que les graphiques sont superbes et que les aventures sont toujours passionnantes. Les personnages sont extraordinaires et intéressants, surtout Yami-Yugi. Je serais curieux de savoir s'il existe plus de sites sur "Yû-Gi-Oh"? Si oui, lesquels?
Merci d'avance pour votre réponse.

Joël M. — 13 ans — La Garenne-Colombes

Mathias TREIGNIER - 10 ans - Paris

Cher Joël,

Si tu cherches des adresses de sites Internet, c'est donc que tu as la possibilité de te rendre sur le site de l'équipe (www.mangakana.com), dans la rubrique "liens" et dans la sous-rubrique "Yû-Gi-Oh". Tu y trouveras notre sélection des meilleurs sites professionnels ou amateurs sur "Yû-Gi-Oh". N'oublie pas non plus qu'il y a une partie entière du site de l'équipe qui est consacrée à notre roi du jeu!

Shaman King

Asakura Yoh est le shaman le plus cool qui existe.
Et c'est peut-être aussi le plus fort, le King.
Mais avant d'en avoir la preuve,
la route est encore longue. . .

"Shaman King" n'est ni le nom
d'une chaîne de fast-food burger, ni le surnom
d'un chanteur mort à l'inimitable jeu de jambes.
"Shaman King" est un manga incontournable.
Ni plus, ni moins.

YU-GI-OH!

7, avenue P-H Spaak - 1060 Bruxelles

First published in Japan in 1996 by Shueisha Inc., Tokyo
French language translation rights in France arranged by Shueisha Inc.
Première édition Japon 1996

Dépôt légal d/2004/0086/151
ISBN 2-87129-630-8

Conception graphique : Les Travaux d'Hercule
Traduit et adapté en français par Sébastien Gesell
Adaptation graphique : Eric Montésinos

Imprimé en Italie par G. Canale & C. S.p.A. - Borgaro T.se (Torino)